王莽
왕망

속임수로 천하를 얻은 자

한국정치는 왕망들의 놀이터인가

목 차

서문 · 5

1장 | 유교의 득세

- 제자백가의 출현 · 12
- 공자, 맹자, 순자 · 15
- 신이 없는 나라 – 중국 · 23
- 인간의 욕망에 대한 제자백가의 견해 · 27
- 법가 사상과 그 정책 · 32
- 법가의 관점에서 본 民(민) · 40
- 인민의 자율성을 부정하는 법가 · 44
- 고대의 전체주의 – 법가 · 48
- 법가를 채용해 중국을 통일한 진나라 - (1) 상앙 변법 · 52

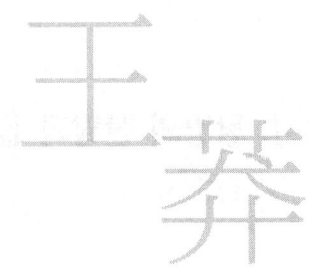

- 법가를 채용해 중국을 통일한 진나라 - (2) 백기의 무공 · 54
- 법가를 채용해 중국을 통일한 진나라 - (3) 시황제의 중국 통일 · 65
- 시황제와 유교 · 71
- 시황제의 죽음과 진의 멸망 · 81

  ★ 동양의 군주독재 비판 ★ · 92

- 한 제국의 성립 · 99
- 한 제국 초기의 황로 정치 · 105
- 한 무제의 양유음법 陽儒陰法 · 108

  ★ 이상적인 목민관 ★ · 112

2장 | 왕망의 찬탈과 몰락

- 외척 왕씨의 득세 · 123
- 왕망의 등장 · 128
- 왕망의 하야와 재기 · 133
- 왕망, 평제를 독살하다 · 139
- 신나라 건국 · 144
- 왕망의 정치 · 149
- 농민 봉기 · 155
- 왕망의 최후 · 163
- 자멸하는 갱시제 · 173
- 광무제의 중국 통일 · 179

맺음말 · 185

서문

　인간 사회에서 지도력(leadership)은 언제나 논란의 대상이 되어왔다. 지도자의 역할이나 비중에 대한 견해도 아주 다양하다. 그러므로 국정을 운영하는 군주나 대통령, 수상, 그리고 전쟁에서 병력을 지휘하는 장군에 대한 평가는 어느 시대나 논란이 될 수밖에 없다. 지도자의 공이나 책임을 논할 때, 일의 성패에 있어 지도력이 차지하는 비중이 얼마나 큰 것인지도 살펴야 한다. 지도력이 차지하는 비중이 작다면 일의 성패에 있어 지도자를 그다지 칭송할 것도 비난할 일도 없을 것이다.
　집단에 의한 일정한 성취나 실패가 있을 때, 지도자 역할을 한 이의 공과를 평가할 필요가 있다. 공정하고 냉정하게 평가해야 하지만 현실에서는 부당한 칭송이나 비난이 난무하는 일이 많다. 지도자의 역할은 상상외로 큰 것이다. 똑같은 조선 수군을 지휘했으나 이순신과 원균의 차이는 하늘과 땅 차이였다.
　임진왜란 때 조선 수군의 전과는 물론, 살수대첩이나 귀주 대첩 등 역대 한국사에서 주요 전투의 승리는 지휘관들의 공이 아니라 이름 없는 병사들이 분투한 덕이라고 주장할 수도 있다. 그러나 이런 주장을 하는 자는 한국사에서의 패전은 장수의 잘못이 아니라 이름 없는 병사들이 열심히 싸우지 않은 탓이라고 해야 한다. 대한민국 건국 초기에 세계무대에서

잔챙이에 불과했던 한국의 대기업이 세계 수준의 기업으로 성장한 것은 기업 오너의 경영능력이 아니라 노동자의 피와 땀 때문이라고, 자본가들이 노동자를 착취해서 얻은 성과라고 말하는 자도 많다. 그러나 몰락한 그 많은 대기업은 노동자가 일을 게을리 하고, 자본가가 착취를 덜 한 결과라고 주장하는 자는 없다.

대한민국이 산업혁명에 성공하여 경제대국이 된 것을 국민이 열심히 일한 덕이라고 주장하기도 한다. 그러면 이씨 조선의 가난을 농민이 게을러서였다고 말한다면, 두어 세대 전 대한민국의 극빈을 지금의 노년층이 게을러서였다고 떠든다면 얼마나 설득력이 있는가?

공로는 집단 구성원에게 돌리고, 과실은 지도자에게 묻는 주장은 대중에게 귀가 솔깃한 말인데, 대개 그런 주장을 하는 자가 찬양하는 지도자의 과실을 옹호하는데 잘 쓰인다. 이는 전 정권 탓하는 것으로 과오를 변호하는 것만큼 파렴치한 작태다.

대한민국의 구성원은 대개 지도자에게 큰 기대를 건다. 이는 지도자의 중요성을 잘 이해해서가 아니라 성군聖君 이데올로기에 사로잡혀 있기 때문이다. 절대다수의 한국인에게 이상적인 지도자 개념은 유교의 이상적 군주상인 성군과 같다. 이는 공화정에 대한 신념이 별로 없고 민주정에 대한 이해가 모자라기 때문이다.

성군은 군주의 무절제한 독재를 억제하기 위해 유가儒家가 고안한 개념이다. 유교 문화권에서 '성군'이 되려고 노력하는 군주도 많았고 이념적 성군에 가까운 군주도 나타났지만, 길게 보아 민에게 그다지 과실이 없었고 군주정 자체에 대한 회의를 억제하는 기능을 했다. 폭정과 난정亂政이 반복되어도 그 책임을 '암군' 또는 '폭군' 한 사람에게 전가해 도덕적이고 현명한 군주가 즉위하면 만사가 해결될 것이라는 미신을 독서인讀書人과 인민에게 불어넣었다.

성군 개념은 우민愚民과 짝을 이루는 것으로 양자는 독립적으로 존재할 수 없다. 무능하고 판단력도 없어 스스로는 어찌할 바를 모르는 자존자립이 불가능한 존재인 우민은 초인적인 능력을 가져 세상 모든 문제를 해결할 수 있으면서도 사리사욕을 전혀 추구하지 않는 신적인 존재인 성군이 출현해야만 그들의 고통이 해결되고 소망이 이루어진다고 믿는다. 성군 개념은 개개인이 스스로 인생의 주체가 되어 책임을 지고 살아야 하는 민주사회에서는 의미가 없다. 성군은 민주 의식으로 충만한 사람에게는 모욕적인 지도자 상이다.

이씨 조선의 군주는 백성을 '나의 적자赤子'라고 했다. 적자는 갓 태어나 피도 씻지 않은 아기를 말하는데, 체력이나 지력이나 가장 무력한 상태이다. 이러니 적자인 백성은 군주를 어버이로 여기고 무조건 따라야 한다. 스스로 의견을 낼 수도 없고 내서도 안 된다.

백성을 적자로 인식하는 것은 군주의 권력독점욕과 자손만대 영원히 집권하겠다는 욕구를 반영하는 것이며 가축 취급을 하는 것이다. 핏덩이 갓난아이가 수천만인들 권력에 위협이 되겠는가. 착취당해도 착취당하는 줄 모른다. 이러한 민중관을 가진 정치 지도자는 우민화 정책을 펼 수밖에 없다.

그릇된 지도자 관이 아직도 널리 성행하는 이유는 유권자의 주체성과 책임의식이 모자라기 때문이기도 하지만, 유교에 입각한 군주관의 기만성을 제대로 교육받지 못한 탓이기도 하다. 이는 이씨 전제 왕정의 반민족적 반민중적 행태를 가르치지 않고, 오로지 일본만 비난하고 공화주의적 가치를 제대로 가르치지 않은 무책임한 역사교육의 결과이다. 그리고 역사교육보다 대중에 더 영향을 많이 주는 사극의 영향 때문이기도 하다.

조선을 시대적 배경으로 하는 사극은 거의가 부지불식간에 성군 신화를 주입시킨다. 농민과 노비를 착취한 양반지주계급과 그 우두머리인 왕이 어질게 묘사된다. 그러나 현대물에서 자본가는 노동자를 착취하는 것으로 묘사한다.

　1945년 일본의 지배가 미국에 의해 끝난 후 왕정복고가 이루어지지 않고 민주정을 지향하는 공화국인 대한민국이 탄생한 것 자체가 놀라운 일이었다. 조선의 마지막 왕 순종 이척이 죽은 때가 불과 20여 년 전인 1926년이었다.

　한일 합방 후에도 조선 왕실은 왕공족으로 살아남아 일본 황족 대우를 받고 이에 만족했다. 조선 민중은 왕정 이데올로기에서 벗어나지 못했다. 극소수 지식인만 공화주의적 가치관을 받아들인 그 당시 상황에서 왕정을 복고하자는 여론이나 정치 세력이 없이 공화국이 탄생한 것은 한편으로 이해하기 어려운 일이다.

　첫째 이유는 이념적으로는 몰라도 왕정수립이 불가능한 현실 여건 때문이었다. 왕정을 세울 경우 삼국시대의 왕조나 고려 왕조 복구는 불가능했고 이씨 왕조 재건 이외에는 다른 수가 없었다. 그러나 이씨 왕조에게 기나긴 세월 착취를 당한 민중은 이데올로기로서의 왕정에 대한 거부감은 없을지 몰라도 왕정의 실존은 거부했다.

　둘째는 거의 유일하게 자유민주주의 가치를 이해했던 이승만 박사의 뛰어난 정치적 역량 때문이었다. 좌우합작으로 빨리 정부를 세우고 한반도에서 손을 떼려했던 미국 정부의 방침에 맞서 끝내 자유민주주의에 기초한 대한민국을 수립했다.

　그러나 대한민국은 자유민주주의 정착에 필수 조건인 시민이 드물었고, 전제 왕권 치하에서 자라난 노예 의식에 충만한 신민臣民과 그것에 그다지 벗어나지 못한 준 신민이 절대 다수였다. 대한민국에서 내실을 갖춘 민주공화정이 구현되려면 공화주의적 가치관을 심어주는 역사교육을 깊이 장기간 했어야 했다. 그러나 대한민국의 지식층에 속한다고 할 만한 자들은 절대 다수가 이조 지식인의 속성에서 벗어나지 못했다. 그저 과거 합격으로 관료가 되어 민을 착취하는 것이 인생의 목표였던 이조 지식인처럼 지식을 팔아 부귀영화를 누리려는 것이 목적이니, 전제권력을 지향하는 사회주의에 빠지기 십상이었다.

국사학계는 이씨 왕조의 가렴주구와 양반 지배층의 어처구니없는 인간관 세계관을 가르치지 않았고, 이조 지배층이 흡혈귀 집단에 불과했다는 것을 인식하지도 못했다.

'벼락출세의 역사적 사명'을 띠고 이 땅에 태어난 그 많고 많은 애들이 대학문이 활짝 열린 80년대에 대학생이 되었다. 체제 내에서 성공하기 어려운 절대 다수 대학생들의 구미에 들어맞는 것이 주체사상이었다. 주체사상은 그 요란스런 수사에도 불구하고 전제 왕정 이데올로기이다. 주체사상은 지배층의 기득권을 철저히 보장하는 것이므로 대한민국 체재의 혜택을 입어 기득권층이 된 자들에게도 매력적이었다.

87년 '민주화' 이후 언론자유가 대폭 신장되자 '거짓말할 자유'도 대폭 신장되어 나중에는 거의 무한대의 자유를 누리게 되었다. 이를 잘 활용하여 2016~17년간 위선 덩어리인 주사파들이 문재인을 앞장 세워 사기 탄핵으로 집권했다. 이들의 황당무계한 작태에 많은 사람들이 도저히 이해하지 못하겠다며 고개를 갸웃거린다. 그러나 태양 아래 새로운 것은 없다고 말하듯 예전에 없던 인간 군상은 없다. 중국사에서 전무후무했던 왕망王莽 정권을 살펴보는 것은 자칭 좌우익을 막론하고 술수에 능한 이 나라 여러 정치 세력을 이해하는 데 큰 도움이 된다.

전한前漢 말 자영농이 몰락하고 대토지 소유자의 횡포가 심해 새로운 세상을 향한 열망이 거세지는 가운데, 성인을 가장한 자가 나타나 당대 독서인과 관료의 전폭적 지지를 얻어 선양禪讓으로 새로이 왕조를 세웠으니 그가 왕망이다. 전근대사회의 왕조 교체란 모두 무력을 장악한 장군 출신이 폭력으로 했는데, 왕망은 오직 명망과 권모술수만으로 제위에 오른 전무후무한 인물이다.

국가는 언제나 정치 경제 사회 문화 등 모든 분야에서 복잡다단한 문제에 직면한다. 이러한 문제를 해결하라고 국가권력이 있는 것이다. 권력의 담당자는 일견 화려해 보이지만 엄청난 공적 책무에 시달린다. 이를 제대로 수행하려면 멸사봉공의 자세와 시대의 과제를 올바르게 인식하고 그것을 해결할 수 있는 능력이 있어야 한다. 권력의 화려한 겉모습에 매료되어 수많은 사람과 집단이 자신을 돌아보지 않고 권력을 차지하려 각축해 온 것이 인류 역사의 한 단면이다. 이들의 교묘한 분장술에 대중과 지식인은 많이도 속아왔다. 유권자들이 권력을 지향하는 각 개인이나 집단의 실체를 꿰뚫어보기는 어렵다. 한 가지 방법은, 권력의 정통성이란 시대적 과제를 파악하고 해결하는 능력에 달려 있다는 '진부한 상식'을 늘 잊지 않는 것이다.

대한민국에서 최고 권력을 노리는 자들이 거의 다 왕망 아류에 불과한 안타까운 현실에서, 이 글을 쓴 목적의 하나가 이 '진부한 상식'을 상기시키려는 것이다.

1장 | 유교의 득세

제자백가의 출현

주周 나라는 기원전 11세기 중반 무렵 은殷 나라를 대체한 중국의 두 번째 통일 왕조이다. 은 왕조와 주 왕조는 훗날의 진 제국이나 한 제국과 같이 전국을 일원적인 정치 기구로 통치한 것은 아니고 다수 소국의 연합체였다. 그리고 통상적인 세력 범위는 황하 유역이었다.

BC 771년 이민족 견융犬戎의 침입으로 주나라의 천자 유왕(幽王, 재위 782 BC~771 BC)이 피살되었다. 이듬해인 BC 770년 유왕의 아들 평왕(平王, 재위 771 BC~720 BC)은 일부 제후의 도움을 얻어 동쪽으로 천도하여 낙읍(洛邑 : 낙양)에서 주 왕조의 명맥을 이었다. 이때부터 소국 끼리 겸병 전쟁을 벌이는 춘추전국시대가 시작되었다.

춘추시대는 주 왕조가 도읍을 옮긴 때로부터 진晉 나라의 大夫대부인 한韓· 위魏· 조趙씨가 진나라를 분할하여 제후로 독립할 때까지의 시대를 말한다. 진을 3분한 시기는 BC 453년이지만 BC 403년에 이르러서야 주 천자 위열왕威烈王의 승인을 받았으므로 BC 403년을 춘추시대의 끝, 전국시대의 시작으로 본다.

'춘추시대(BC 770~BC 403)'라는 명칭은 BC 772년~BC 480년 사이에 노魯 나라에서 일어난 여러 사건을 간략하게 기록한『춘추 春秋』라는 역사서에서 비롯되었다. '전국시대(BC 403년~BC 221)'라는 명칭도 당시의 정치 상황을 잘 묘사한 역사서『전국책 戰國策』에서 나왔다.

춘추전국시대는 중국 역사상 변혁의 시대였다. 각지에 봉건封建되었던 주의 제후국들은 성읍국가에서 영토국가로 전환되었으며 제후국들의 상호 정복전쟁으로 국國의 수가 줄고 대국大國이 출현했다.

대국을 이룬 군주를 패자覇者라 했는데 제齊의 환공桓公, 진晉의 문공文公, 초楚의 장왕莊王, 오吳의 합려闔閭, 월越의 구천勾踐 등을 춘추오패春秋五覇라 한다. 춘추시대 중기부터 세력을 잡은 패자들은 작은 제후국들을 멸망시키고 현縣이라는 지방행정단위를 설치해 직접 지배하는 방식으로 전환했다. 전국시대에 와서는 대다수의 약소국들이 강대국에 병합되고 소수의 강대국만 남게 된다. 이들 강대국 가운데 7국을 전국칠웅戰國七雄이라 한다. 각국의 군주는 주나라 천자만의 칭호였던 왕을 칭하고 광대한 영역을 통치할 관료기구를 정비하였다.

춘추 초기에 제후국은 200여개였으나 전국시대에 들어서는 20여개로, 전국시대 말기에는 10여 개로 줄어들었다.

토지 개간과 농업생산력의 향상이 이 시대 정치적 변동의 토대였다. 춘추시대 말 이후 철제농구가 사용되기 시작했고, 우경牛耕이 보급되었으며, 치수관개治水灌漑 공사도 널리 시행되어 경지면적이 늘어났다. 새로 개척된 농경지에서의 수확이나 산의 나무, 해변의 소금·물고기 등 산물에 과세하여 전국시대의 각국 군주는 권력을 강화하여 나갔다. 생산력의 발전에 따라 씨족공동체가 해체되고 5인을 한 가구로 하는 소농경영이 보편화되어갔다.

이 시대에 국가와 군주의 생존은 전적으로 군사력, 외교 역량, 축적한 국부國富에 달려 있었다. 그러므로 각국의 군주는 자신의 권력과 군사력을 강화시키고 국부를 늘리는 데 진력했는데, 이를 위해 혈통이 귀족이 아니더라도 뛰어난 역량을 지닌 자들을 고위 관직에 임명했다. 이러한 군주의 열망에 부응하여 부국강병과 군주권 강화를 구현하려는 정책과 사상을 고안하는 독서인(讀書人 : 지식인)들이 대거 출현했다. 이들의 사상과 정책을 흔히 '제자백가諸子百家'라 부르듯이 수많은 유파가 나왔다.

【공구孔丘, 맹가孟軻, 묵적墨翟 등 대표적인 사상가의 성씨에 '子'를 붙여 공자, 맹자, 묵자 등으로 존칭한다. 이때 '子'는 부자(夫子 : 덕행이 높아 만인의 스승이 될 만한 사람에 대한 경칭)를 의미한다.】

공자, 맹자, 순자

　제자백가를 흔히 유가儒家, 법가法家, 도가道家, 묵가墨家 등으로 구분해 부르지만 각 학파가 폐쇄적인 조직을 갖춘 것은 아니었다. 묵가만이 폐쇄적으로 엄격히 조직화되었을 뿐이었다. 제자백가 가운데 역대 중국 왕조에서 정통 학문으로 인정되고 가장 큰 영향을 준 것은 두말할 것 없이 유가이다.

　춘추시대 후기의 학자인 공자(孔子, 551 BC~479 BC)는 노나라에서 태어났다. 노나라는 주나라 무왕武王 희발姬發의 첫째 아우로 무왕 사후 섭정이 되어 주나라의 기반을 닦은 주공周公 희단姬旦이 분봉을 받아 세운 나라이다. 노나라는 비교적 소국이기는 하나 춘추전국시대에 중국 문화의 중심지였다.

　공자는 젊은 시절 노나라의 하급 관리로 지내면서 전통적인 지식을 접할 기회를 얻었고 그 안에서 난세를 극복할 원리를 찾으려 했다. 합리적인 이성을 믿은 그는 지적·도덕적으로 완성된 이상적 인간인 '군자君子'가 지도하는 사회를 이상으로 설정했으며 신분에 차별을 두지 않고 모든 사람을 교육시켜야 한다고 주장했다. 귀족의 자제만이 교육을 받을 수 있었던 당시에 이러한 주장은 파격적인 것이었다. 공자는 정치적으로는 자신의 이상을 구현할 기회를 얻지 못했으나 신분을 초월한 제자 양성에는 성공하여 학단學團을 이루었다.

공자 사후 공자 학단의 인물들은 어떻게 되었는가? 사마천의 『사기史記』 「유림열전儒林列傳」은 이렇게 기록했다.

공자의 사후 70여 명의 제자들은 각기 흩어져 제후국들에게 유세했으며, 크게는 제후의 사부師父나 경卿, 상相이 되었고, 작게는 사대부士大夫의 벗이나 교사가 되었고, 혹자는 은둔하여 세상에 나오지 않기도 했다.
그러니까 자로子路는 위衛 나라에서 관리가 되었고, 자장子張은 진陳나라에서, 담대자우澹臺子羽는 초楚 나라에서, 자하子夏는 서하西河에서 자리를 잡았으며, 자공子貢은 제나라에서 일생을 마쳤다. 예컨대 전자방田子方, 단간목段干木, 오기吳起, 금활리禽滑釐 등은 모두 자하와 같은 인물들로부터 수업하고 제후들의 스승이 되었다. 이 때에 유독 위魏 나라 문후文侯가 가장 학문을 좋아했다.
그 후 유학은 점차 쇠퇴하여 시황제 때에 이르러 큰 재난을 당했다, 천하는 서로 경쟁하는 전국시대의 국면으로 빠졌고 유술儒術은 환영받지 못했다. 그러나 제齊와 노魯 지방에서는 유술을 배우는 사람이 끊이지 않았다. 제 위왕威王과 선왕宣王 시대에 맹자孟子와 순경(荀卿 : 순자) 등은 모두 공자의 유업을 받들며 윤색을 가해 당대에 이름을 날렸다.

공자가 이끌었던 학단은 스승인 공자의 학을 계승, 발전시켰는데 여러 분파로 갈라졌다.

세상에 현저하게 드러난 학파는 유가와 묵가이다. 유가의 시조는 공구(孔丘 : 공자) 이고, 묵가의 시조는 묵적(墨翟 : 묵자)이다. 공자가 죽은 뒤 자장子張의 유가가 있고 자사子思의 유가가 있고 안씨(顔氏 : 안회)의 유가가 있고 맹씨의 유가가 있고 칠조씨漆雕氏의 유가가 있고 중량씨仲良氏의 유가가 있고 손씨(孫氏 : 순자)의 유가가 있고 악정씨樂正氏의 유가가 있다.
묵자가 죽은 뒤로부디 상리씨相里氏의 묵가가 있고 상부씨相夫氏의 묵가가 있고 등릉씨鄧陵氏의 묵가가 있다.
그러므로 공자와 묵자 사후에는 유가는 갈라져 여덟 파가 되고 묵가는 헤어져 세 파가 되었다. 그 주장이 서로 엇갈려 같지 않은데 모두 스스로 진짜 유가 묵가라고 한다. (하략)
(『한비자 韓非子』「현학 顯學」)

유가의 각 파 가운데 전국시대 중기의 맹자와 전국시대 말기의 순자가 대표적이다.

전쟁이 일상화된 춘추전국시대의 과제는 민중을 고통에 몰아넣는 끊이지 않는 전쟁을 종식시키는 것이었다. 전쟁의 원인은 정복전으로 영토를 늘려 이득을 얻으려는 욕구를 버리지 못하는 여러 나라가 복수 공존한 때문이었다. 그러므로 통일 국가의 탄생만이 전쟁을 끝낼 수 있다는 데 모두가 동의했다. 은나라와 주나라 시절 거대한 정치적 통합이 이루어져 장기간 유지된 역사적 경험도 통일 국가의 출현을 당연시하는 시각을 낳았다.

맹자는 인仁과 의義로 통합을 구현할 수 있다며 덕德을 바탕으로 하는 이른바 왕도王道 정치를 주창했다.

덕을 정치의 원리로 삼는 사상은 이미 『서경書經』이나 『논어』 등에도 보이지만, 왕도를 패도覇道와 대비시켜 명확하게 말한 이는 전국시대의 맹자이다. 인의仁義라는 덕에 의하여 난세를 통일하고 사회에 질서와 안정을 가져오려 하였던 맹자의 정치사상의 핵심이 왕도 정치이다. 왕도는 인의가 안으로 충실하여 그것이 선정善政으로 나타나는 것이며, 패도는 인정仁政을 가장하고 권력정치를 행하는 것이다.

맹자는 왕도와 패도를 엄격히 구별하여 "힘으로써 인을 가식하는 자는 패覇이다. 패는 반드시 대국大國을 가지려 한다. 덕으로써 인을 행하는 자는 왕이다. 왕자王者는 대국을 바라지 않는다. 힘으로써 사람들을 복종시키는 자는 심복心服시키는 것이 아니며, 덕으로써 사람들을 복종시키는 자는 마음속으로 참되게 복종시키는 것이다"라고 말하였다.

맹자는 왕도를 이루는 전제로서 경제적 조건에 주목하고, 그 조건의 한계와 실현을 위한 구체적 방법을 제시하여 "항산(恒産 : 늘 지니고 있는 일정한 재산)이 있는 자는 항심(恒心 : 늘 지니고 있는 변함이 없는 떳떳한 마음)이 있으며, 항산이 없는 자는 항심도 없다"고 말했다. 즉 인민에게 경제적 안정이 없으면 그들에게 도덕적 삶을 기대할 수는 없다고 했다.

그리하여 맹자는 토지를 인민에게 공평히 분배하는 정전법井田法을 주장하는 한편, 교육제도도 중시하여 모든 민이 안정된 생활과 풍부한 교양을 지니고 도덕적 질서를 지켜 나가는 이상적 세상을 꿈꾸었다.

그러나 인에 의한 정치인 인정仁政으로 천하 민심을 귀의시킬 수 있고 천하는 인정을 실천하는 군주를 중심으로 전쟁을 하지 않고도 통일할 수 있다는 맹자의 주장은 통일을 보장할 수 없는 모순을 내포했다. 인정을 구현하는 군주는 오직 한 사람이고 나머지 군주는 모두 폭군이어야 전쟁 없이 통일이 가능할 것이었다.

정전법 井田法

주周의 토지제도인데, 『맹자』에서는 정전법을 다음과 같이 설명한다. 1리 4方의 토지를 '정井' 자 모양으로 9등분하여, 주위의 8구획은 8호戶의 집에서 각기 사진私田으로서 경작하고, 중심의 1구획은 공전公田으로서 8호가 공동으로 경작하여 정부에 내는 조세로 할당한다. 맹자는 인의 정치에 입각하여 이 경지 외에도 택지를 백성에게 재산으로 주어 애국심을 함양하도록 했다. 정전법의 내용은 『주례 周禮』 등 유가의 문헌에서는 더욱 복잡해진다. 정전법은 자작 소농을 사회의 기본으로 하는 유가 정치사상의 이상이었다.

순자는 왕도와 패도에 대해 맹자와 다른 시각이었다.

순자는 왕도의 요인으로 인에다가 위威를 더함으로써 패도정치의 존재의의를 긍정했다. '의義가 정립되면 왕王, 신信이 정립되면 패覇, 권모(權謀 : 그때그때의 형편에 따라 꾀하는 계략)가 정립되면 망亡'이라 했다. 그리고 '법을 존중하고 백성을 사랑하면 패'라고 하여 패도를 차선책으로 내세웠다.

그런데 유가는 전체적으로 보아 공자의 본질적 가르침과 괴리되고 현실정치에 영합하는 방향으로 나아갔다. 공자 사후 수백 년 동안 유가 집단의 수준은 지성이나 인격 측면에서 크게 떨어졌다.

공자 시대 이전에는 높은 지위에 오르고 부귀영화를 누리려면 귀족 가문에서 태어나야 했지만 이후에는 미천한 집 출신도 뛰어난 학식과 언변이 있으면 가장 높은 사회적 지위를 얻어 화려한 저택에서 호의호식하고 미모의 첩을 두고 살 수 있다는 희망을 품을 수 있게 되었다. 이러니 학문의 목적이 변질될 수밖에 없었다. 유가를 비롯해 제자백가는 모두 그들의 학學으로 사회문제를 해결하겠다며 직접 현실정치에 참여하려 했다. 가르침을 찾아 모여든 학생들의 목적은 대부분 관료가 되기 위한 자질을 닦고 관직을 얻는 것이었다.

이처럼 벼슬을 얻으려는 자들을 대상으로 한 학은 그 내용이 정치와 군주를 섬기는 것에 관한 것이 될 수밖에 없었다. 제자백가의 학은 모두 시대가 흐름에 따라 거의 전적으로 '제왕학(帝王學 : 어용 정치행정학)'으로 변질되었는데 이는 유가도 마찬가지였다.

흔히 묵가와 노장 사상은 유가나 법가와 달리 권력과 대치되는 것으로 알려져 있지만 이도 잘 살펴보면 군주의 절대 권력을 옹호하고 있음을 알 수 있다.

도가 통치술의 본질은 민을 무지하게 만드는 것이다. 『도덕경道德經』은 이를 노골적으로 말한다.

> 그러므로 성인(聖人 : 군주)의 다스림은 (민의) 마음을 비우게 하고 배를 채우게 하며, (민의) 뜻을 약하게 하고 뼈를 강하게 하여. 늘 민을 무지(無知)하게 하고 무욕(無欲)하게 하는 것이다.
> 그리고 지(知)가 있는 자가 감히 무언가를 하지 못하게 한다. (민이) 하는 것이 없으면 다스려지지 않음이 없을 것이다.
> (『도덕경』 3장)
>
> 예로부터 도를 행하는 것은 민을 똑똑하게 만들지 않고 어리석게 만드는 것이었다. 민을 다스리기 어려운 것은 그 지혜가 많기 때문이다.
> (『도덕경』 65장)

『도덕경』은 민을 하찮게 본다. 군주가 민을 이용의 대상으로 보니 그럴 수밖에 없다.

> 하늘과 땅은 어질지 않다. 온갖 것을 짚으로 만든 강아지[芻狗]처럼 다룰 뿐이다.
> 성인은 어질지 않다. 백성을 짚으로 만든 강아지처럼 다룰 뿐이다.
> (『도덕경』 5장)

묵가는 하늘이 "세상에서 가장 존귀한 사람을 골라 천자 天子로 세워" 권능을 위임했으므로 군주는 신성한 권리를 갖는다고 했다. 군주의 의지는 하늘의 뜻[天志]을 대변하므로 민은 그의 명령에 복종해야 한다.

> 윗사람이 옳다 생각하면 아랫사람은 그것이 옳다고 생각해야 하고 윗사람이 그르다고 생각하면 아랫사람은 그것이 그르다 생각해야 한다. (『묵자』「尙同 上」)

겸애兼愛와 비공(非攻 : 전쟁 반대)을 강조하는 묵가 집단이 실제로는 진나라 법가 정책의 집행자일 가능성이 높다. — 한자문화권의 모든 학문은 결코 제왕학의 굴레를 벗어날 수 없었는데, 이것이 동양이 서양에 뒤처진 결정적인 이유였다.

유가를 자칭하게 된 자들은 대부분 학문 자체보다는 부귀영화를 얻는 데 관심을 가졌다. 유가의 이름난 학자들도 이른바 속유(俗儒 : 속된 유학자)의 행태를 맹비난했다. 맹자는 사람들이 인격을 수양하는 목적이 높은 지위를 얻으려는 것에 불과해 목적을 달성하면 주의주장도 내던진다고 말했다. 순자荀子는 유가가 의관衣冠을 중시하지만 학문도 천박하고 행동거지가 속된 인간과 다를 바 없고, 어리석은 자를 속이고 생활방편을 얻기 위해 선왕先王을 논하지만 군주의 총신과 가신들의 식객 노릇을 한다고 비난했다.

타 학파는 유가를 더욱 비난했다. 『묵자』는 아예 유교를 부정한다는 의미인 「非儒」라는 편장이 있다. 다음은 그 한 구절이다.

> 또한 그들은 예악(禮樂)을 번거롭게 꾸며 사람들을 어지럽히고 오랫동안 상(喪)을 치르고 슬퍼하는 체하여 부모를 속인다. 운명을 믿어 가난에 빠져 있으면서 고상한 체 잘난 체 한다. 근본을 어기고 할 일은 하지 않고 게으르고 편안히만 지낸다.
> 먹고 마시는 것을 탐하지만 일하는 데는 너무나 게으른 그들은 추위와 굶주림으로 죽을 위험에 처해 있지만 이를 벗어나지 못한다. (……) 여름에는 곡식을 구걸하고, 추수가 끝나면 큰 초상집만 쫓아다니는데 자식과 손자들을 데리고 가서 그 음식으로 배를 채운다. 몇 집 초상만 치러주면 충분히 살아갈 수 있게 된다. 그들은 남의 집을 근거로 살찌고 남의 전야에 의지하여 부를 쌓는다. **부잣집에 상사(喪事)가 났다고 들으면 기뻐서 어쩔 줄 모르고 "음식과 옷을 얻을 기회가 왔다"고 외친다.**

이는 과장된 묘사이지만 상당한 진실이 들어 있다. 유가가 제례祭禮에 정통하므로 교사가 되지 못하거나 벼슬을 얻지 못해 궁핍할 경우, 부유한 집의 장례를 주관하여 생계에 도움을 얻은 것은 사실이다. 장례 주관이 직업이 된 경우도 적지 않을 것이다.

신이 없는 나라 - 중국

다른 고대 문명에서 탄생한 법과 달리 고대 중국의 춘추전국시대에 발달하고 체계가 잡힌 법은 신성한 기원이나 종교적 금기가 없다. 이집트, 인도, 그리스, 로마, 이슬람 문명 등 세계의 주요한 고대 문명권에서 법은 신성한 존재인 신神이 정한 것이라 천명闡明되고 종교와 연결된다. 이에 비해 중국에서는 종교가 법률 형성에 거의 관여하지 못했다. 이는 춘추전국시대에 이르러 전통적인 여러 신의 무력無力·무용無用이 드러났지만 이를 대체할 보편적인 고등 종교가 출현하지 않았기 때문이다.

은나라에서 최고신은 제帝였다. 제의 정체는 천신天神인 듯한데, 비가 오고 가뭄이 오는 등 자연현상을 좌우하고 인간사의 길흉화복을 주관한다고 보았다. 제는 일방적으로 비를 내리게 하거나 수확을 결정하는 존재로 인간이 어찌할 수 있는 대상이 아니므로 은나라에서는 제에게 제사를 지내지 않았다.

은나라에는 제 이외에 여러 자연신이 있었다. 산이나 강, 짐승, 수목 등의 자연물이나 동식물에 신격을 부여하고 숭배하는 대상이 자연신이다. 자연신에 대해서는 기우제를 지내는 등 제사를 지냈다. 제사에 의해 인간의 소원을 받아들이는 존재로 인식했으므로 은나라 사람들은 자연신에게 제사를 지냈다.

즉 제는 초월적인 신격이고 여러 자연신은 신격이 떨어졌다.

선왕(先王 : 세상을 떠난 은나라의 왕)은 조상신으로 제사를 받으면 그 대가로 인간 세상에 도움을 주는 존재였다. 조상 제사는 은 시대의 가장 중요한 행사였다.

  주나라에서 최고신은 천天이었다. 조상신 숭배는 종묘(宗廟 : 왕실의 사당) 제사로 중시되었고 자연신에 대한 제사는 사직社稷 제사였다.

【사社는 토지의 신이고 직稷은 곡물의 신이다. 주의 조상은 후직后稷으로 전하는 데 직은 곡물인 수수이다. 곡물을 의인화한 후직을 조상으로 설정한 것은 주가 은보다 훨씬 더 농경을 중시했음을 의미한다.】

  춘추시대에 이르기까지 중국에서는 지배층과 피지배층을 막론하고 인간사의 길흉화복은 신의 뜻에 달려 있다는 주술적 세계관을 가지고 있었다. 국國의 운명을 좌우하는 가장 높은 신은 천天이었고 천에 영향을 주는 조상신은 선공(先公 : 세상을 떠난 각국의 군주. 군주의 칭호는 공公이었음)이 있었다. 조상신은 각 가족이 아닌 씨족 공동체의 조선신祖先神이었다. 신의 가호를 받기 위해서는 조상신에 대한 제사가 필수였다.

  제사의 계속은 국의 존속을 의미했고 제사가 끊어지는 것은 국의 멸망이었다. 조상신에 제사할 수 있는 유일한 존재는 국의 수장인 공公이었다. 진 문공의 예에서 보듯이 춘추시대에 다른 나라로 망명한 공은 우대 받았는데, 그 이유는 조상신 제사의 중심인물인 그가 해를 당할 경우 해당국의 조상신에게서 받을 재앙이 두려워서였다.

  춘추전국시대에 이르러 주 왕권의 약화에 따른 규범의 문란은 그 규범의 근원인 천과 여러 신에 대한 회의를 불러 일으켰다. 씨족 질서가 해체됨에 따라 개인의 신분과 지위는 전통이 보장하는 것이 아니라 개인의 노력과 능력에 따라 획득되는 것으로 변화했다. 치열한 겸병 전쟁으로 많은 소국이 사라지면서 신에 대한 회의는 더욱 커졌다.

제자백가는 인간의 본성, 자연의 법칙을 탐구하고 어지러운 사회 현상을 관찰하면서 인간과 천, 인간과 자연의 관계에 대한 인식을 이전과 달리 하게 되었다. 순자는 천이 인간사에 개입하지 못한다고 주장했다.

> 천의 운행에는 상칙(常則 : 일정한 법도)이 있다. 요堯 임금을 위해서 존재하는 것도 아니고 걸桀 때문에 없어지는 것도 아니다. 치治로 천에 대응하면 곧 길吉하고 난亂으로 대응하면 곧 흉凶하다.
> 본(本 : 농업)에 힘쓰고 절용하면 천도 가난하게 할 수 없고, 잘 보양하고 제때에 움직이면 천도 병들게 할 수 없으며, 올바른 도를 닦아 도리에 어긋나지 않으면 천도 재난을 당하게 할 수 없다. 그러므로 홍수와 가뭄도 그런 사람을 굶주리게 할 수 없고 추위와 더위도 그런 사람을 병들게 할 수 없으며, 요괴도 그런 사람을 불행하게 할 수 없다.
> 본을 버려두고 사치스럽게 쓰기만 하면 천은 그를 부유하게 할 수 없으며, 잘 보양하고 잘 움직이지 않으면 천은 그를 온전하게 할 수 없으며, 올바른 도를 어기고 함부로 행동하면 천은 그를 길하게 할 수 없다. 그러므로 그런 사람은 홍수와 가뭄이 오기도 전에 굶주리고, 추위와 더위가 닥치지 않아도 병이 나며, 요괴가 나타나기도 전에 불행하게 된다.
> 타고난 세상은 잘 다스려지던 시대와 같은 데도 재난과 재앙은 잘 다스려지던 시대와는 달리 많은 것 때문에 천을 원망할 수는 없는 것이며, 그들의 행동 방식이 그렇게 만든 것이다. 그러므로 천과 인人의 구분에 밝으면 곧 그를 지인(至人 : 덕이 극치에 이른 사람)이라 말할 수 있다.(『순자』,「천론 天論」)

『순자』의 가장 앞에 나오는 「권학 勸學」편은 교육과 학습을 통한 인간 개조와 환경의 극복을 역설한다. 이는 천의 권능을 부정하는 것이다.

> 군자들은 "학문은 하지 않을 수가 없는 것이다"라고 말한다. (…)

올바른 길로 교화시키는 일보다 더 크게 여기는 신명은 없으며, 화를 입지 않은 것보다 더 좋은 복은 없다.
나는 일찍이 하루 종일 생각만 해 본 일이 있었으나 잠깐 동안 공부한 것만 못하였다. 나는 일찍이 발돋움을 하고 바라본 일이 있었으나 높은 곳에 올라가 널리 바라보는 것만 못하였다. (…) 군자는 나면서부터 남과 달랐던 것이 아니라 사물을 잘 이용하는 것이다.
(『순자』「권학 勸學」)

춘추전국시대에 기존에 믿어왔던 신의 권위는 부정되거나 추락하는 가운데, 새로운 신은 나타나지 않았다. 제자백가 사상 중에 종교로 발전한 것은 하나도 없다. 입신양명만을 꿈꾸는 제자백가 학단의 독서인들은 사회를 통합할 종교나 신을 창조할 의도가 전혀 없었다. 법가를 비롯하여 대부분의 지식인에게는 권력이 신이었다. 이러한 배경에서 오직 군주와 지배층의 이익을 위해서 제정된 각종 법규는 윤리적 정당성이나 신성의 허가가 필요하지 않았다.

한국식 표현으로 '하늘 높은 줄 모르는' 중국 지배층이 만든 법의 횡포는 이루 말할 수 없었다. 그리고 법가 정치가 지속됨에 따라 중국 민의 심성도 법가가 바라는 가축에 가깝게 되어 갔다. 나중에 불교가 들어오고 또한 불교에 자극 받아 도교 등의 민족종교(?)가 생겼으나 모두 구복신앙을 벗어나지 못했고 진정한 종교로 기능하지 못했다.

인간의 욕망에 대한 제자백가의 견해

제자백가는 거의 모두 인간은 욕심이 지나치다는 '인간 과욕론過慾論'을 주장했다. 인간의 선천적인 도덕성과 이익을 초월한 군자 개념을 강조한 유가도 '소인(小人 : 피치자)'을 욕심이 지나쳐 절제하지 못하는 존재로 보았다.

순자는 인간의 욕구에 대해 다음과 같이 말한다.

> 사람의 정(情 : 본능)이란 먹을 때는 (맛있는) 쇠고기나 돼지고기를 원하며, 입을 때는 화려한 비단옷을 바라고, 길을 갈 때는 수레나 말을 타고 가기를 원한다. 또 남아돌아가는 부를 축적하고도 죽을 때까지 만족을 모른다. 이것이 바로 인간의 정이다.
> (『순자』「영욕 榮辱」)

대역사가 사마천도 고금의 역사를 연구하면서 인간이 본질적으로 부를 추구하는 존재이며 모든 행위가 부를 얻기 위한 것이라는 결론을 내렸다.

옛말에 "창고가 가득 차야 예절을 알고, 입고 먹을 것이 넉넉해야 명예와 치욕을 안다"고 했다. 예절은 가진 것이 있으면 생기고, 가진 것이 없으면 사라진다. 그러나 군자君子는 부유해지면 즐겨 덕을 행하지만, 소인小人은 부유해지면 그 힘을 휘두르려고만 한다. 연못이 깊어야 고기가 살고 산이 깊어야 짐승이 살듯이, 사람도 부유해야 인의仁義가 생긴다. 부유한 사람이 권세를 얻으면 더욱 유명해지지만, 권세를 잃으면 식객도 모두 떠나고 그와 즐겨 어울리려 하지 않는다. 이적夷狄은 이러한 일이 더욱 심하다. (……)

성현聖賢이 묘당廟堂에서 심오한 계책을 도모하고 조정에서 (정사를) 논의하는 것이나, 신의를 지키고 절의를 위해 죽는 것도 은사隱士들이 높은 명성을 날리려는 것도 (그들의 진정한) 목적은 무엇인가? 부富를 얻기 위한 것이다. 염리(廉吏 : 청렴한 하급 관리)는 (청렴함으로) 지위를 오래 유지할 수 있는 데, 오래 자리에 있으면 부를 얻을 수 있기 때문이다. 정직한 상인이 (정직한 것은 결국) 부를 얻기 위한 것이다.

부란 인간이 본질적으로 원하는 것이며 배우지 않고도 모두 추구하는 대상이다. 군대의 장사壯士가 공성攻城할 때 먼저 오르고 적진을 함락하고 적을 물러나게 하며 적장의 목을 베고 적군의 깃발을 빼앗아 들어 올리며 화살과 돌을 뚫고 나아가며 탕화(湯火 : 끓는 물과 타는 불)처럼 어려운 것도 피하지 않는 것은 큰 상賞을 기대하기 때문이며, 가난한 동네의 젊은이들이 행인을 습격하거나 살해해 매장하는 것도, 도굴과 화폐 위조를 하는 것도, 검소한 임협任俠의 무리들이 친교親交를 맺어 복수를 행하는 것도, 사람을 붙잡아놓고 몸값을 강요하는 것도, 법으로 금지한 것을 피 하지 않고 마치 달리는 말처럼 사지死地로 달려가는 것도 사실은 모두 재용財用을 얻기 위한 것에 불과하다. 조나라, 정나라 미희들이 얼굴을 아름답게 꾸미고 거문고를 타고 긴 소매를 나부끼고 날렵한 신발을 끌며 유혹하는 눈짓과 교태를 부리며 천리 길도 마다하지 않고 (남자가) 늙고 젊은 것을 가리지 않고 찾아나서는 것도 결국 부를 쫓기 때문이다. (……)

산속에 묻혀 사는 기이한 선비도 아니면서 빈천함에서 벗어나지 못하는 자가 말로만 인의를 떠들기 좋아하는 것도 부끄러운 일이다. 대개 백성들은 상대의 재산이 자신의 열 배면 무시하고 헐뜯지만 백배면 오히려 두려워한다. 천배가 되면 그를 위해 힘든 일을 하고 만배가 되면 그의 하인이 되니 이것이 세상의 이치이다.
(『사기』「화식貨殖 열전」)

제자백가 가운데 법가는 '인간 과욕론'을 적극 펼쳐 인간의 모든 행동은 물론 교우 관계, 남녀 간의 연애, 군신 관계, 부자 관계 등 모든 상호 관계마저 사리사욕을 추구하는 본성에 따른 것이라 주장했다.

인간의 욕구를 인정하여 부를 자유로이 추구하는 자유방임을 인정하지 않은 것이 제자백가의 특색이다. 楊朱양주만이 유일한 예외이다.

욕구가 무한한 인간은 무리 생활, 즉 사회생활을 하면 다툼과 갈등이 나게 마련이다. 특히 빈부 격차로 인한 계층 간의 갈등은 어느 사회에서나 체제를 흔들 수 있는 잠재 요인이다. 인간의 과욕이 사회를 어지럽힌다는 데 제자백가는 모두 동의했다.

천하의 부를 소유하는 것은 사람이면 누구나 다 똑같이 욕구하는 것이다. 그러나 사람의 욕심을 (모두 그대로) 허용한다면 형세 상 그것을 받아줄 수도 없거니와 재물이 감당할 수 없다.
(『순자』「영욕 榮辱」)

원하는데 얻지 못하면 求하지 않을 수 없고, 구하면서 도량(度量 : 너그러운 마음과 깊은 생각)과 분계分界가 없으면 다투지 않을 수 없다. 다투면 (세상은) 어지러워지고, 어지러워지면 파탄을 초래할 것이다.
(『순자』「예론 禮論」)

이에 대한 대책으로 공자는 안빈낙도安貧樂道를 강조했고, 노자는 "족한 줄을 알면 욕됨이 없고 그칠 줄을 알면 위태로움이 없다[知足不辱 知止不殆]"고 주장했다. 그러나 춘추전국시대의 사상가들은 이러한 도덕적 자제로 과욕을 억제할 수 있다고는 전혀 믿지 않았다.
　탐욕이 충만한 인간 사회에서 좀 더 현실적인 대책은 빈부 격차를 정당화하는 이데올로기를 내세우면서 동시에 계층 갈등을 완화시킬 강제적 규범을 만드는 것이었다. 순자는 인간 사회에 계층과 신분 차이가 있을 수밖에 없다고 했다. 인간의 욕망을 통제할 수 없다면 인간 사회는 무한 투쟁 양상이 되어 유지될 수가 없다. 이를 막기 위한 순자의 방안, 즉 순자의 정치사상을 요약하면 다음과 같다.

　인간은 집단생활을 누릴 수 있는 성(性 : 품성)을 소박한 형태로 지니고 있는데, 성 그것만으로는 지속적으로 무리[群]를 지을 수 없다. 성에다가 인위적인 형식 즉, 위爲를 더해 예(禮 : 도덕규범·제도·관습)를 만들어내야 집단생활이 유지된다. 예를 만들어낼 수 있는 이가 도덕과 재능이 뛰어난 인간, 즉 성인(聖人 : 군주)이다.
　인간의 타고난 욕망은 끝이 없다. 따라서 인간 사이에는 다툼이 있을 수밖에 없다. 다툼은 인간 사회에 분란을 일으킨다. 이에 옛 성인은 예禮와 의儀를 제정하여 인간 사이에 분(分 : 계층과 신분의 차등)을 두고 신분을 만들었다. 인간은 각기 신분에 따라 욕망을 정도껏 채우고 그 이상은 제한된다. 이와 같이 욕망을 통제하여 인간은 집단 속에서 조화를 이룬다.

　순자는 인간의 욕망을 통제하기 위해 '예'가 생겼다고 주장한다. 인간 집단 가운데 가장 고차원적인 것이 국가이므로 예는 국가에서 가장 잘 구현된다. 국가의 통치 원리가 예이다. 순자는 사회질서를 유지시키기 위해 만들어진 예가 본질적으로 한정된 재화를 둘러싸고 일어나는 다툼을 방지하기 위한 수단에 불과하다는 것을 인정했다. 맹자는 인간의 성性이 선하므로 있는 그대로 내버려두면 사회도 국가도 모두 좋아진다고 주장한다. 이에 비해 순자는 인간의 성은 악하다고 했다. 맹자가 말하는 성과 순자가 말하는 성은 그 개념에 차이가 있다.

순자가 말하는 성은 정치적·사회적 존재인 인간의 본성이었다. 인간이 본질적 이성적으로 악한 존재가 아니라 출생 후 사회적 존재가 됨으로써 악하다는 뜻이다. 순자는 본성이 악한데도 인간이 악을 행하지 않을 수 있는 이유는 예로써 그 본성을 교정할 수 있기 때문이라고 했다. 맹자보다 후대 인물인 순자는 성선설에 입각한 왕도 정치의 구현이 불가능하다는 현실을 인정하고 과감하게 성악설을 주장하면서 예를 바탕으로 엄격한 국가 지배를 주장했다. 순자보다 앞선 인물인 신불해·이회·오기·상앙 등이 이름난 법가이지만 이들은 이론적·사상적 기초가 미흡했다. 법가에는 군주권의 정통성이나 국가의 공공성에 관한 이론이 거의 없었다. ― 상앙은 정치가 마치 백성을 상대로 하는 전쟁인 것처럼 주장했다.

순자의 학설은 법가의 이론적 토대가 되었다. 이 때문에 후대의 '정통' 유자들은 순자를 이단시했다.

법가 사상과 그 정책

　평화 통일이 가능하다는 공허한 주장에 비해 무력 통일만이 가능하다는 주장이 현실에 들어맞았다. 춘추전국시대 열국의 가장 중요한 과제는 부국강병을 구현해 전쟁에 이기는 것이었다.

　유가를 비롯하여 제자백가의 사상 중에는 현실에서는 효과를 볼 수 없는 공허한 주장도 많았다. 이에 비해 부국강병을 위한 구체적인 정책을 마련하고 업적을 쌓은 독서인들은 거의 모두 법가라 할 수 있다.

　법가의 계보는 중국에서 최초로 정(鼎 : 솥)에 성문법을 새겨 넣은 춘추 시대 정鄭나라의 재상 자산子産까지 거슬러 올라간다. 그 후 전국시대 초기 위魏 문후(文侯, 재위 445 BC~396 BC) 치세에 재상을 지낸 이회李悝, 전국시대 중기 진秦 나라의 상앙商鞅, 전국시대 중기 조趙 나라의 신도愼到, 전국시대 중기 한韓 나라의 신불해申不害로 이어져 오다가 전국시대 말기 한나라의 한비자韓非子가 법가 사상을 집대성하게 된다. 【한비자는 성이 한韓, 이름이 비非이다. 제자백가를 높여 부를 경우의 관례로 보아 그를 한자 韓子라고 해야 한다. 실제로 그를 경칭하여 한자라고 했으나 당나라의 명유名儒인 한유韓愈를 후대 유가들이 한자라고 부르게 되어, 혼동을 막기 위해 송대 이후 법가의 한자를 한비자라 칭하게 되었다.】

　법가들은 부국강병과 국가 개혁을 위해 군주권의 강화에 큰 힘을 쏟

앉는데 이로 인해 유가와는 매우 다른 제왕학이 되었다. 이들 이회·신불해·오기·상앙·한비자·이사李斯 등 저명한 법가가 후세에 미친 영향은 매우 컸다.

이들은 대체로 유가를 비롯한 각 제자백가에서 학문을 익힌 사람들로 고위직에 임용되어 현실에 맞추어 정책을 폈다.

【전국시대 초기를 대표하는 정치가는 위나라의 군주 문후였다. 공자의 유명한 제자 자하子夏가 위 문후의 스승으로 부임했는데, 자하의 제자 즉 공자의 손제자인 이회가 문후의 재상이 되어 개혁 정치를 폈다. 공자의 제자 가운데 가장 어렸던 증자曾子의 제자인 오기도 위와 초에서 큰 업적을 세웠다. 전국시대 후기의 법가인 이사와 한비자는 유가인 순자의 제자였다.】

법가는 사상이나 이론을 수단으로 생각했기 때문에 스승의 계보를 중시하지 않았으며 동류의식도 희박해 독립적인 학단을 이루지 못했다. 법가는 거의 다 군주의 무한 권력을 토대로 사회질서를 유지하고 군주의 권력에 기생해 부귀영화를 누리는 것이 목적인 자들이었다. 인간을 불신하는 이들이 그 심성 상 스승-제자 관계, 동료 관계를 맺는 것은 거의 불가능했다. 벼슬을 얻지 못하는 법가들이 모이면 모리배 집단이 될 수밖에 없다.

순자가 말한 예는 현대적 관점으로 보면 법률이라고 할 수 있다. 그러나 유가였던 순자는 공자가 중시한 예로 표현했다. 순자의 제자인 한비자는 예를 법으로 표현했다. 이전의 법가 이론은 현실정치에서 활용되는 정술政術에서 크게 벗어나지 못했는데, 한비자는 법가의 여러 학설을 집대성해 하나의 사상 체계로 완성했다.

한비자는 법가의 주요 개념인 '술術'과 '법法'을 규정하고 군주의 통치에서 '법'과 '술'이 갖는 중요성을 강조했다.

> 어떤 사람이 물었다.
> "신불해와 공손앙(公孫鞅 : 상앙) 두 학파의 말 가운데 어느 쪽이 나라에 더 시급합니까?"
> 이에 대답하여 말했다.
> "그것은 가늠할 수 없다. 사람은 먹지 않으면 열흘이면 죽는다. 큰 추위가 닥쳤을 때 옷을 입지 않아도 역시 죽는다. 그런데 입는 것과 먹는 것 가운데 어떤 사람에게 더 시급한 문제냐고 묻는다면, 하나라도 없어서는 안 된다고 답할 수밖에 없다. 모두 살아가는 데 빼놓을 수 없는 수단이기 때문이다.
> 지금 신불해는 술을 말하고 공손앙은 법을 말한다.
> 술이란 재능에 따라 관직을 주되 신하가 말하는 것에 따라 그 실천 여부를 추궁하는 것이며, 생사여탈의 권한을 가지고 뭇 신하들의 능력을 평가하는 것이다.
> 법이란 먼저 관부官府에서 공포하여, 백성들의 마음에 형벌이 새겨지도록 하여 법령을 신중히 지킨 자에게 상을 주고 법령을 어긴 자에게 벌이 내려지도록 하는 것이다.
> 군주에게 '술'이 없으면 눈이 가려지고, 신하에게 '법'이 없으면 밑에서 (민중이) 무질서해진다.
> 그 둘은 하나라도 없어서는 안 되는 것이며, 모두 제왕의 도구이다."
> (『한비자』「정법 定法」)

즉 '술'은 군주가 관료를 부리는 수단이고, '법'은 군주가 인민을 통제하는 수단이다. 군주는 술을 부려 관료가 일하게 한다. 관료의 일은 군주가 제정한 '법'을 집행하는 것이다.

전통 중국의 '법'은 오늘날의 현대 세계의 보편적인 법 개념과는 반대라 할 정도로 다르다. 어원으로 보아 '법法'은 본래 형刑과 같은 의미였다. 후한 초에 편찬된 중국 최초의 사전『설문해자說文解字』는 법을 '처벌'로 정의한다. 다시 말해 중국의 법은 권력이 행하는 폭력으로 특정 대상을 처벌하려 만들어진 것이다. 중국의 법은 굳이 서양의 법 개념으로 설명하자면 형법에 해당한다. 그러나 서양의 형법은 '정의 구현'을 목적으로 하지만 중국의 법은 민을 권력에 굴종하게 만들기 위해 행하는 폭력이다. 법가는 이러한 법 개념을 정교하고 세련된 형태로 발전시켰다.

비록 법가라 불리나(유가는 유교에 정통한 사람이다. 법가라는 말은 '법의 대가'를 의미하는 것이 아닌가 하는 착각을 줄 수 있다) 이들은 '법의 지배(rule of law)'를 결사반대한다. 현대사회에서 법은 서구의 법 개념에서 나온 것으로 돈, 권력 등을 많이 갖고 있는 사람이라 할지라도 형사, 민사, 상행위 등의 영역에 있어서 우대받지 못하고 모두가 공평한 권리와 책임을 가지는 것을 뜻한다. 법 앞에 만인이 평등하다'라는 말이 바로 이런 뜻이다. 그러나 법가에서 말하는 법이란 권력자에 대한 견제가 전혀 없으며 공정성과 반대 개념이다. 법가의 법 개념이란 첫째 군주는 스스로 적절하다고 하는 판단에 따라 또 기분에 따라 마음대로 상과 벌을 줄 수 있고, 둘째 군주는 법 위에 있는 존재이므로 법에 종속되지 않으며, 셋째 군주가 법의 근원이다(군주만이 법을 제정하고 개정하고 폐지한다).

술術은 군주가 신하를 조종하고 통제하는 기술이요 요령이다. 법가는 군주만이 권력을 가지고 행사해야 한다고 보지만 혼자서 국정을 운영하고 통치하는 것은 물리적으로 불가능하다. 유능한 자들을 기용하여 권한을 어느 정도 위임하고 일을 맡겨야 한다. 그러나 이들 신하들은 믿을 수 있는 자들은 아니라고 법가는 본다. 사실 법가뿐 아니라 어느 시대를 막론하고 타인은 함부로 믿을 수 없다는 것이 속세 사람들의 견해이다. 그러므로 법가는 법 못지않게 술을 중요시한다.

한비자는 술을 쓰기를 "가슴 속에 감추고 다양한 사례에 맞추어 은밀히 신하를 부려야 한다. 그러므로 법은 분명하게 밝히지만, 술은 드러내 보이지 않아야 한다."라고 했다. 술을 쓰는 군주는 신하들의 속마음을 알려고 그 말을 들어 진위 여부를 파악하여 그들이 군주를 기만하는지 그렇지 않은지를 판단한다. 기만한다면 책임을 추궁하고 질책하거나 벌한다. 그러므로 군주는 '그럴 듯한 명령과 속임수'를 쓰기도 하고 '아는 것을 모르는 척하며 질문하기'도 잘해야 한다.

법가사상은 철저하게 군주 입장에서 어떻게 하면 권력을 마음대로 다루고 백성, 신하들을 철저하게 복종시킬 것인가를 논하고 그 방편을 가르친다. 사실 법가는 사상이라기보다는 군주의 처세술, 권력유지술에 대한 논이라고 할 수 있다. 그러니 법가의 저서를 거창하게 이데올로기적으로 해석하기 보다는 '성공하는 사람들의 비밀' 같은 처세술, 자기계발서의 군주 버전이라고 생각해도 좋다.

【실제로 자기계발서나 처세술 책 가운데는 『한비자』 『상군서』 『관자』 등 법가 저서를 응용한 것이 많다. 대한민국 체제에서 적수공권에서 출발하여 자수성가한 자들의 '인생론' '개똥철학'도 법가 사상의 '천민 버전'이라 할 수 있는 것이 많다.】

한비자는 현명한 군주는 "관리들만 잘 감독할 뿐이지 백성들을 직접 다스리지 않는다. 나무줄기를 흔들면 나무의 전체 잎사귀가 흔들리게 되고, 그물의 벼리를 당기면 힘들이지 않고 그물을 펼 수 있는 이치가 바로 이런 도리다"라고 했다. 또 "이익이 있는 곳에 백성들이 몰리고, 명성을 얻을 수 있는 일에 선비들이 목숨을 건다"라고 해 지식인과 민을 부리는 수단이 달라야 함을 강조했다.

법가는 인간의 도덕적 능력을 불신하고 법령으로 재화의 분배의 차등을 규정해서 인간 사회의 분란을 방지해야 한다고 주장했다.

법가인 신도(愼到, 395 BC ~ 315 BC)는 빈부 격차로 인한 갈등을 법으로 막아야 한다고 주장했다.

> 천하의 사람들이 모두 쫓아가며 멈출 줄 모르는 대상은 부귀富貴뿐이다. 소위 부귀라는 것은 물질에 족한 것을 의미할 뿐이며 (……) 재물財物을 갖지 못한 것이 빈천貧賤이다. (……)
> 법이 세상에 행해지면 빈천한 자가 감히 부귀한 자를 원망하지 않으며, 부귀한 자가 감히 빈천한 자를 능멸하지 못하고, 어리석고 약한 자가 감히 지혜롭고 용기 있는 사람의 (신분과 부귀를) 넘보지 않으며, 지혜롭고 용기 있는 사람이 어리석고 약한 자를 천시하지 않는다.
> (『신자 愼子』 「군인 君人」)

한비자는 아예 국가가 부자에 대해 중과세를 해 그 부를 국고로 이전하고 모두가 경제적으로 가난하고 평등하게 만들어 갈등을 해소해야 한다는 공산주의적인 주장을 했다. 국가(군주)가 권력과 부를 독점해야 한다고 생각한 한비자의 이러한 주장은 '민이 약하면 국가가 강해지고 [民弱國强] 민이 강해지면 국가가 약해진다[民强國弱]'라는 인식에 기초한 것으로 결코 빈자를 위한 것이 아니었다. 한비자는 큰 부를 가진 자가 우월한 경제력을 바탕으로 빈자를 사적으로 지배해 국가권력(군주권)에 대항할 것을 우려했다.

그러나 법가 사상의 한계도 명확한 것이었다. 법가는 실현 불가능한 — 불가능해 보이는 — 이상에 매달리지 않고 현실을 있는 그대로 보고 이해하며 인간 심리의 어두운 면을 잘 아는 지식인 집단이었다. — 공익 개념 없이 부귀영화만 좇는 자들이 좀 더 세상을 냉철하게 볼 확률이 높은 법이다. 이들은 임기응변에 능한 책사일지언정 경세가經世家는 아니었다. 진정한 공익 개념이 없으니 경세가가 될 수 없었으므로 이론적 토대를 유가에서 빌릴 수밖에 없었다.

국가가 세세하고 엄격한 법으로 가축 다루듯이 민을 통제해야 하고 술로 관료를 다스려야 한다는 법가 사상에 입각한 정치는 단기간은 몰라도 장기간 유효할 수는 없었다. 부귀영화만 쫓는 관료 집단의 부패와 사리사욕 추구로 인해 법치의 문란은 반드시 나타날 수밖에 없고, 자유방임을 바라는 인간의 본성에 비추어볼 때 엄청난 수의 범법자가 생길 수밖에 없다.

성악설에 입각하여 인간은 이익을 위해 규칙을 어기려고만 하는, 믿을 수 없는 존재로 보는 법가는 현실을 잘 설명하는 것 같지만 인간 사회는 그 정도로 단순하지 않다. 성선설도 때로는 유효한 것이다.

유가의 예도 인간 사회를 규제하는 규칙인 점은 법과 같다. 예는 강제적인 성격도 있지만 인간의 자발성에 기초한다. 예는 사회 구성원 대부분이 지키면 이익이 되므로 자발적으로 지켜질 것을 기대할 수도 있고 또한 인간이 관습적으로 예를 익혀 행할 수도 있다. 예가 널리 통용되면 국가의 억압적 성격도 완화시킬 수 있어 장기적으로 보면 유가의 정치 원리가 지배층의 이익에 더 부합한다.

군주에게 채용된 법가의 대표적 인물인 신불해·이회·오기·상앙 등은 부국강병을 위해 사회구조와 인간관계를 근본적으로 바꾸는 각종 정책을 — 어찌 보면 인간 본성에 어긋나는 — 폈다. 이들 정책에 저항하는 자는 법(=가혹한 형벌)으로 다스렸다. 5인 가족으로 이뤄지는 소농小農 가구를 인위적으로 창출하고 경작할 수 있는 토지와 농기구를 주어 생활을 보장하게 했다. 그리고 이들의 생산과 소비를 세밀히 통제했다. 소농으로 편제된 일반 농민의 생활수준은 잉여 생산을 거의 모두 수탈당해 노예보다 약간 나은 수준으로 궁핍했다. 이는 국가가 의도한 바였는데, 이런 가혹한 착취의 목적은 지배층의 호사만을 위한 것이 아니라 일반 백성으로 하여금 죽음을 두려워하지 않는 용감한 전사戰士로 만들려는 것이었다.

전국시대 때 민의 2대 의무는 경작(=생산)과 전쟁에 종사하는 것이었다. 전국시대 일반 백성이 노예와 비슷한 고달픈 삶에서 벗어나는 유일한 길은 전쟁에서 무공을 세워 포상으로 작위와 토지를 받는 것이었다. 때문에 남녀노소를 가리지 않고 모두가 전쟁이 나기를 간절히 바라고, 전쟁이 나면 부귀영화를 누릴 기회가 왔다고 경축하는 것이 전국시대의 모습이었다. 전쟁터로 갈 본인은 출세할 기회가 왔다고 기뻐하고 어린 아들 딸은 '아빠, 전공 세우세요'라고 말하고 늙은 부모는 '전공을 세우기 전에는 돌아오지 말라'고 하고 처도 비슷한 말을 한다.[요즘 민주공화정의 가치관으로 보면 전국시대 중국인은 모두 정신병자이다.]

― 이 때문에 대외 팽창을 목표로 삼고서 국가가 법가체제로 전환하면 신분이 아닌 능력 위주의 사회가 되는 것 같은 인식을 준다. 피상적인 관찰을 하면 그러한 결론을 내리게 된다.

귀족도 군공을 세워야 특권 세습이 가능하도록 하는 것이 법가의 정책이었으므로 전국시대 각국의 귀족 계급은 법가의 개혁에 강력히 저항했다. 변법(變法 : 법가 사상에 입각한 개혁)을 추진하던 군주들은 일정한 수준에서 타협했다. 그러나 귀족 세력을 꺾고 타협 없이 변법을 철저히 시행한 진秦은 BC.3세기에 들어서자 최강자가 되어 무력 통일을 구현할 실력을 갖추었다.

법가의 관점에서 본 민(民)

　저술은 반드시 독자讀者를 상정하고 쓴다. 요즈음의 저술은 모든 사람이 잠정적인 독자라는 가정 아래 쓰는 일이 많지만 글을 읽을 줄 아는 사람이 소수였던 전근대에는 저자가 매우 제한적인 독자 군을 상정하고 썼다. 법가의 저술을 보면 독자는 오직 군주 1인이라는 것을 알 수 있다. 그렇기 때문에 여러 사람이 있는 자리에서는, 특히 피지배층인 민이 있는 자리에서는 할 수 없는 말을 거침없이 했다. 특정한 부류의 인간 내면을 적나라하게 드러낸 저술로서 법가는 심리학자의 좋은 연구 대상이 될 수 있다.

　전국시대의 법가는 민을 이용 가능한 물질 자원으로 보았다. 민은 고유한 내재적 가치는 없고 군주에게 유용하게 쓰일 수 있으므로 가치 있는 존재였다. 법가는 민이란 군인과 경작자(=생산자)로 쓸 수 있는 자원일 뿐이라고 독자인 군주에게 거듭 강조한다. 부국강병과 이를 통한 군주의 부귀영화는 민 없이 실현될 수 없다. 타국을 정복하기 위한 군대를 조직하고 군량에 쓰일 곡물을 생산하려면 노동력이 필요한데 민은 이를 위한 자원이다. 군주에게 민은 사유물이며 목적 달성에 불가결한 도구이다. 그러므로 군주는 나름대로의 방식으로 '민을 소중히 여기고' 나아가 '민을 사랑하는[愛民]' 것이다.

그러므로 군주가 더 많은 민을 원하는 이유는 쓸모가 있기 때문이다.
......
군주는 백성을 이용하려고 아낀다.
(『관자 管子』「명법 明法」)

법가에게 민은 가축이다. 가축을 키우는 사람이 가축을 아끼는 것처럼 군주는 민을 아끼고 사랑한다.

뛰어난 군주는 백성을 길들이는 고귀한 존재이다. 백성은 각기 다른 유용한 능력을 가지고 있다. 그러므로 뛰어난 군주는 사람의 재주를 자원으로 다루고 그들 모두를 길들인다.
(『신자 愼子』「민잡 民雜」)

법가는 군주를 목자牧者, 관료와 민은 모두 길들일 가축으로 보았다. 그러므로 법가는 '목민牧民' '목신牧臣' '축신畜臣' 등의 표현을 쓴다. 법가의 논설 중 상당수는 민을 가축으로 취급해 길들이는 기술을 말하고 있다.

짐승을 길들이려면 당근과 채찍 둘 다 있어야 한다. 그것이 상과 벌이다. 법가는 상과 벌을 주는 기교에도 많은 공을 들여 논했다.

민을 향한 군주의 '애정'은 목자가 양떼를 '아끼는' 것과 같다. 법가는 인의仁義가 군주와 나라에 해로운 것이라 비난하면서도 인정人情을 드러내어 '민심을 얻는 일'의 실용성은 잘 알았다. 오기의 유명한 일화는 법가가 인간 가축인 민에게 갖는 동정의 본질을 잘 보여준다.

오기는 위衛 나라 사람으로 용병술을 좋아했다. 일찍이 증자曾子에게 배우고 노魯 나라 군주를 섬긴 일이 있다.

제나라가 노나라를 공격했을 때였다. 노나라에서는 오기를 장군으로 기용하려 했으나 오기의 처가 제나라 여자라는 이유로 장군 임명을 주저했다. 공명심이 유달리 강한 오기는 아내를 죽여 자신에게 딴 마음이 없음을 분명히 밝혔다.

(…)

그때 오기는 위나라의 문후가 현명하다는 소문을 듣고 문후를 섬기려 했다.

문후는 중신重臣인 이극李克에게 물었다.

"오기라는 사람은 어떤 인물이오?"

"오기는 탐욕스럽고 호색한입니다. 그러나 용병술만큼은 사마양저(司馬穰苴)도 그를 못 당할 것입니다."

위나라의 문후는 오기를 장군으로 기용했다. 오기는 진秦 나라를 쳐서 다섯 성을 빼앗았다.

오기가 장군으로서 부대를 통솔할 때에는 가장 신분이 낮은 사졸들과 의식을 같이 하고 잘 때에도 자리를 깔지 않았으며, 행군할 때는 말이나 수레를 타지 않고 자기 먹을 식량을 스스로 꾸려서 가지고 다니는 등 사졸들과 수고로움을 함께 나누었다.

언젠가 병졸들 가운데 종기로 고통 받는 자가 있었는데 오기는 병졸의 상처에 입을 대고 고름을 빨아내었다.

그 병졸의 어머니가 이 일을 듣고는 통곡을 했다. 어떤 사람이 이를 이상하게 여겨 물었다.

"당신 아들은 일개 병졸에 지나지 않소. 그런데 장군께서 아들의 종기를 빨아주었다 하오. 그런데 왜 그리 슬피 우는 거요?"

그 어머니는 이렇게 말했다.

"그게 아니라오. 예전에 오공(吳公 : 오기)께서 저 아이 아버지의 종기를 빨아주셨습니다. 그이는 (감격하여 전투에서) 물러설 줄 모르고 용감하게 싸우다가 마침내 적의 손에 죽고 말았지요. 오공이 지금 또 저 애의 종기를 빨아주었다고 합니다. 이제 저 애가 언제 죽을지 모르게 되었소. 그러니 우는 것이오."

『사기』「손자·오기열전」)

이 일화는 지도자(군주)가 백성을 보살피고 인정을 보이는 이유를 잘 보여주는 예이다.

법가는 민은 이기적이고 악하고 어리석다고 보았다. 그들은 자신에게 이익이 되는 일이 무엇인지를 모른다고 했다.

> 민의 지혜는 마치 어린아이의 마음과 같아 쓸 수가 없다. ……
> 만일 군주가 밭을 갈고 김을 매라고 다그쳐 생업이 후해지더라도 너무 엄하다고 여길 것이다. 형과 법을 정비하여 벌을 엄중히 하는 것은 악을 금하기 위한 것이나 군주가 가혹하다고 여길 것이다. 돈과 곡식을 거두어들여 창고를 충실히 함은 장차 기근으로부터 구하고 전쟁에 대비하려는 것이나 군주가 탐욕스럽다고 여길 것이다. ……
> 그러므로 정치를 하면서 백성의 마음에 맞추기는 불가능하며, 맞추기를 기대하는 것은 모두 난을 일으키는 빌미가 되니 더불어 정치를 할 수가 없다.
> (『한비자』「현학 顯學」)

인민의 자율성을 부정하는 법가

법가가 보기에 민은 진정한 이익이 무엇인지 알지 못하는 가축과 같은 존재이다.

스스로 무엇을 할지 모르는 가축처럼 민도 스스로 행동을 취하면 안 된다. 다시 말해 자율적이 되면 안 된다.

진(秦)나라를 전국칠웅 가운데 압도적인 강대국으로 성장시킨 소양왕(昭襄王, 재위 307 BC~251 BC) 치세 때의 일이다. 왕이 병에 걸리자 백성들이 마을마다 소를 사두고 집집마다 건강 회복을 기원하여 기도했다. 재상 공손술公孫述이 이 일을 소양왕에게 보고하며 축하했다. 왕은 사실 여부를 확인하고 제물을 바친 백성에게 벌금을 부과하라고 명령하며 그 이유를 말했다.

> 사람마다 갑옷 두 벌 값을 벌금으로 부과하라.
> 무릇 명령도 내리지 않았는데 제멋대로 기도하고 있으니 이는 백성들이 과인(寡人)을 사랑하는 것이다.
> 무릇 백성들이 과인을 사랑하면 과인 또한 법을 고치고 마음으로 그들과 더불어 서로 따라야 하니, 이렇게 해서는 법이 서지 못한다. 법이 서지 못하면 나라가 어지러워지고 이는 망하는 길이다. 사람마다 벌로 갑옷 두 벌 값을 물게 하여 다시 정치를 바르게 하는 것만 못하다.

민이 스스로 판단해서 행동을 취하는 것은, 그러니까 자율성을 갖추는 것은 군주에게는 매우 위험한 일이다. 자신의 의지가 없이 오직 군주의 명령만 따르는 민이 법가에게는 이상적인 백성이다. 군주는 민이 자율, 자조, 자립하지 못하도록 해야 한다. 법가 군주가 고대 그리스의 민주정demokratia을 알았으면 세상에서 가장 못된 정치체제라 했을 것이다.

군주가 민을 사랑하기 때문에 민이 복종한다고 생각해서는 안 된다. 진의 소양왕은 이렇게 말했다.

> 저들 민이 나를 위해 일하는 이유는 내가 그들을 사랑하기 때문이 아니다.
> 내 권세가 나를 위해 일하게 한다. 권세를 버리고 민과 함께 어울리면 나를 위해 일하지 않는다. 그래서 나는 사랑으로 부리는 방법을 끊었다.

길들일 수 없는 가축은 빨리 도살해야 하듯이 길들일 수 없는 민[不牧之民]은 반드시 제거해야 한다. 법가 체제에서는 온순하게 길들여져 순종하고 복종하는 가축 같은 민으로 충만하기를 지향하는데, 체제가 오래 가면 실제로 그러한 민이 늘어난다.

이들은 법가의 '인간 개조 프로그램'에 따라 생긴 '새로운 인간'이다. 이들은 "죽음의 위험에 용감하게 맞서 충성스럽게 희생하고 …… 식견이 적고 명령에 잘 따르며 …… 재능 없이 힘든 노동을 통해 살아가고 …… 단순하고 순수하고 우직하며 …… 명령을 소중히 여기고 일을 황송하게 받들며 …… 도둑을 고발하고 반역 행위를 알리는"(『한비자』 「육반六反」) 사람이다.

법가 윤리로 보면 군주(=권력)에 순종하지 않는 지식인도 역시 도살해야 한다. 다음은 『한비자』「외저설」에 나오는 일화이다.

태공망이 동쪽의 제나라에 (제후로) 봉해졌는데, 제나라 동쪽 해변에 광율狂矞과 화사華士라는 형제 거사(居士 : 숨어 살며 벼슬하지 않는 지식인, 즉 處士)가 살고 있었다. 이들은 이러한 뜻을 가지고 있었다.
"우리는 천자의 신하가 되지 않으며 제후의 벗도 되지 않으며 스스로 농사지어 먹고 살고 스스로 우물을 파서 물을 마시며 다른 사람의 도움을 얻으려 하지 않으며 군주가 주는 명예나 녹봉도 없이 벼슬하지 않고 노동하여 산다."
태공망은 (제의 수도인) 영구營丘에 도착하자 그 두 사람을 잡아 죽이게 하여 처형의 본보기로 삼았다.
주공 단旦이 그 소식을 듣고 급히 사람을 보내어 물었다.
"그 두 사람은 현자입니다. 그런데 부임하자마자 현자를 죽이니 무슨 까닭입니까?"
 태공망이 대답했다.
"(……) 그들이 천자의 신하가 되지 않으려 하니 나도 그들을 신하로 둘 수 없고 제후의 벗이 되지 않으려 하니 나도 그들을 부릴 수 없습니다. 스스로 농사지어 먹고 살고 스스로 우물을 파서 물을 먹으며 다른 사람의 도움을 얻으려 하지 않으니 나도 그들을 상벌로 격려하거나 막을 수 없습니다. 여기에다 군주로부터 명예를 얻으려 하지 않으니 비록 지식인이라 해도 나에게는 쓸모가 없고, 군주의 녹봉을 받지 않으니 현자라 해도 나에게 협조하지 않을 겁니다. 벼슬하지 않으니 다스릴 수 없고 직무를 맡으려 하지 않으니 이는 불충입니다.
게다가 선왕先王의 신하와 백성을 부리는 수단은 작위와 봉록이 아니면 형과 벌입니다. 그런데 그 네 가지도 그들을 부리기에 부족하다면 나는 누구의 군주가 되어야 합니까? (……)
그들은 스스로 세상의 현자라고 말하나 군주에게 쓸모가 없습니다.

아무리 현명하다해도 군주에게 쓸모가 없으면 현명한 군주는 그들을 신하로 삼지 않을 것입니다.
이것은 (말을 듣지 않는) 기(驥 : 천리마)를 부릴 수 없는 것과 마찬가지입니다. 이러니 그들을 죽인 것입니다."

광율과 화사는 어용지식인이 아닌 독립적인 지식인이다. 권력에 기대어 부귀영화를 누리려는 지식인이 아니다. 그러니 권력이 그 재능을 이용할 수 없는 자들이다. - 권력이 인재를 유인하는 수단은 본질적으로 당근과 채찍, 즉 이익과 처벌이다. 이것이 통하지 않는 사람은 법가가 보기에 목석이지 생물이 아니다. 이 일화는 인적 자원과 물적 자원을 가장 효율적으로 총동원하려는 법가의 목적을 잘 드러낸 것이기도 하다.

법가의 윤리로 보면 지식인이 부귀영화를 추구하지 않는 것 자체가 권력을 무시하는 극악한 행위이다. 법가 사회에서는 어용지식인이 아니면 목숨을 부지하기 어렵다.

미국의 언론인이자 수필가인 멩켄(Henry Louis "H. L." Mencken, 1880~1956)도 권력의 속성을 다음과 같이 평한 바 있다.

모든 통치는 본질적으로 더 우수한 인간에 대한 음모다. 통치의 가장 영원한 목적 하나는 더 우수한 인간을 억압하고 그 재능을 발휘하지 못하게 만드는 것이다.

All government, in its essence, is a conspiracy against the superior man: its one permanent object is to oppress him and cripple him.

고대의 전체주의 - 법가

법가는 서구에서 20세기에 출현한 전체주의(全體主義 : Totalitarianism) 사상과 일맥상통한다. 한나 아렌트(Hannah Arendt, 1906~1975)는 전체주의 독재를 이렇게 규정했다.

> 단 한 사람이 권력을 휘두르는 무법 통치이다. 독재 권력은 법의 제한을 받지 않는다. 그러면서 지배자의 이익을 위해서만 행사되고 피지배자의 이익을 위해서는 행사되지 않는다. 공포가 행동을 결정하는 준거인데, 지배자가 피지배자에게 가하는 공포와 피지배자가 지배자에게 가하는 공포가 있다.

전체주의의 득세를 경고한 소설 『1984』의 핵심적인 장면은 오세아니아 주의 사상경찰 심문관인 오브라이언(O'brien)이 反체제 지식인 윈스턴 스미스(Winston Smith)를 고문하면서 말하는 내용이다.

> "그럼 이제 '방법'과 '이유'의 문제로 돌아가세. 자네는 당이 '어떻게' 권력을 유지하는지 잘 알고 있어. 그럼 우리가 '왜' 권력에 집착하는가 말해 보게.
> 우리의 동기는 무엇인가? 우리는 왜 권력을 원해야 하는가? 자, 말해 보게."

(중략)

"내 질문에 대한 답을 내가 해주지. 바로 이거야.
당은 오직 권력 그 자체를 위해 권력을 추구하지. 우리는 타인의 행복에는 아무 관심도 없어. 우리는 오로지 권력에만 관심이 있어. 부(富)도, 사치도, 장수(長壽)도, 행복도 아니야. 오직 권력, 순수한 권력욕이야. 그럼 순수한 권력이란 무엇인가. 자네는 이걸 이해하게. 우리는 우리가 하는 일이 무엇인지를 정확하게 안다는 점에서 과거의 어떤 독재체제와도 다르다는 점을 알아야 해. 옛날 사람들은, 우리와 비슷한 자들마저 비열하고 위선적이지. **나치 독일과 러시아 공산주의자들은 방법론에선 우리에게 매우 근접하였지만 그들은 자신들의 권력에 대한 동기를 인정할 용기가 없었단 말이야.** 그들은 원하지 않았는데도 일시적으로 권력을 잡게 된 것처럼 가장하고 저 모퉁이만 돌면 거기엔 모든 사람들이 자유롭고 평등하게 사는 천국이 있는 것처럼 속였어. 실제 그렇게 믿었는지도 모르지. 우리는 그렇지 않아. 우리는 누구든 권력을 장악할 때는 그것을 포기할 생각을 하지 않는다는 점을 잘 알지. 권력은 수단이 아니고 목적이야. 혁명을 수호하기 위하여 독재를 확립하는 게 아니지. **독재를 하기 위해 혁명을 하는 거라고.** 탄압을 하는 목적은 탄압이야. 고문의 목적은 고문 그 자체고. 권력의 목적은 권력. 이제 내 말을 알아듣겠나?"

(중략)

"우리는 권력의 성직자이야. 신은 권력이고. 그러나 지금으로서는 자네가 보기에 권력은 말뿐일 거야. 이제는 자네가 권력의 의미에 대해 생각해 볼 때야. 자네가 먼저 알아야 할 것은 권력은 집단적이란 점이야. 개인은 개인이기를 포기할 때 권력을 가질 수 있어. 자네는 '자유는 예속'이란 당의 슬로건을 알지. 이것을 역으로 볼 생각은 안 했나? 예속은 자유라고. 혼자이고 자유로운 인간은 늘 패배하지. 인간은 모두 죽을 운명이고 죽음은 가장 커다란 패배이기 때문이야.

그러나 그가 완전하고 최종적인 복종을 하고, 자아(自我)로부터 벗어나 당과 일체가 된다면, 그는 전능한 불사(不死)의 존재가 되는 거지.
다음으로 자네는 권력이란 인간을 지배할 수 있는 힘이란 점을 알아야 해.
인간의 육체에 대한 권력, 그러나 무엇보다도 마음에 대한 지배이지. 사물에 대한 권력, 자네 식으로 하자면 외부적 실제를 지배하는 권력은 중요하지 않아. 이미 사물에 대한 우리의 지배는 이미 절대적이야."

(중략)

"맞았어. 타인을 괴롭힘으로써야. 복종으로는 충분하지 않아. 괴로움을 주지 않는다면 그가 내 뜻에 복종하는지 어떤지 어떻게 알겠나?
권력은 고통과 모욕을 주는 데 있어. 권력은 인간의 마음을 갈기갈기 찢어 우리가 원하는 새로운 모양으로 다시 뜯어 맞추는 거야.
이러면 자네는 우리가 창조하는 세계가 어떤가를 좀 알 듯 한가? 이건 옛날의 개혁자들이 상상한 것과 같은 어리석은 쾌락주의 유토피아와 정반대되는 거지. 공포와 반역과 고뇌의 세계야. 짓밟고 짓밟히는 세계야. 우리가 만드는 세계에서의 진전이란 고통을 향한 진전이야.
舊 시대의 문명은 사랑과 정의에 기초한다고 선전하곤 했지. 우리는 증오 위에 섰어. 우리 세계에서는 공포, 분노, 승리감, 그리고 자기모멸감 이외의 감정은 허용되지 않아. 그 나머지는 모두 우리가 부숴버려. 혁명 전부터 내려오던 사고의 습성을 우리는 부수고 있는 중이야. 우리는 자녀와 부모, 남자와 남자, 남자와 여자의 유대를 끊어버렸지. **이제 아무도 아내, 자녀, 그리고 친구를 믿지 않아.** 미래엔 아내와 친구도 없어질 거야. 아이는 태어나자마자 어머니로부터 떼 내어질 거야. 암탉 둥지에서 달걀을 빼앗아오듯 말이야. 성적 본능도 말살될 거야. 성교는 매년 배급 카드를 새로 주듯이 1년에 한번 할 예식일 뿐이야. 우리는 성에 있어서 오르가즘도 없앨 거라고. 신경학자들이 그 방향

으로 연구를 하고 있어.
당에 대한 충성 이외의 충성은 없어. 大兄에 대한 사랑 이외의 사랑은 금지야. 웃음도 적을 패배시키고 승리감에 취해 웃는 웃음 밖에 없어. 미술도, 문학도, 과학도 없어질 거야. 아름다움과 추악함 사이의 구별 두 없어지고 후기심도, 살아가다 보면 느끼는 즐거움도 없어져. 우리는 기쁨이란 기쁨은 모두 부숴버리지.
그리고 이걸 잊지 말게. 윈스턴. 끊임없이 커가고 끊임없이 미묘해지는 권력에의 도취감만 있을 뿐일세. 언제나, 어느 순간이나 승리감이 주는 전율. 무력한 적을 짓밟는 쾌감뿐일 거야. 미래상을 그려보면 영원히, 인간의 얼굴을 짓밟고 있는 구둣발을 상상하게.

어떠한 체제도 지배층이 피지배층에게 '너희를 이용하고 착취하는 것이 우리의 목적'이라고 말하지 않는다. 윈스턴은 처형될 운명이었기에 체제의 진정한 목적을 들을 수 있었다. 이런 면에서 전체주의적 사상에 기초한 국가나 권력은 유효적절한 폭력 행사 뿐 아니라 민을 상대로 기만을 얼마나 잘하는지가 체제유지·정권유지의 관건이 된다.

법가를 채용해 중국을 통일한 진나라

(1) 상앙 변법

진나라는 현재 중국의 감숙성에서 일어났는데, 춘추시대의 목공(穆公, 재위 659 BC~621 BC) 때 서쪽의 이민족인 융戎을 쳐서 영토와 인구를 대폭 늘려 강국이 되었다. 그러므로 맹자는 진 목공을 춘추오패의 한 사람으로 평가했다. 이어 진은 동쪽으로 뻗어나가려 했으나 중원의 강국 진晉에 막혔다. 이에 진은 남쪽의 초楚나라와 동맹 관계를 형성하여 맞섰다. 晉이 BC. 453년 한韓·위魏·조趙 삼국으로 갈라졌어도 진나라는 내부 사정이 복잡하여 이러한 정세를 잘 활용하지 못했다.

전국시대의 진 효공(孝公, 재위 361 BC~338 BC)은 부국강병을 위해 천하의 인재를 구했는데, 위衛나라 출신의 상앙(商鞅, ?~338 BC)을 등용해 법가에 입각한 변법을 실시해 국력이 급격히 커졌다.

상앙은 법가의 태두라 할 수 있으며 전국 초 위魏나라에서 변법을 주도해 큰 성과를 거둔 이회(李悝, c. 455 BC~402 BC)에게서 배웠다. 먼저 위에서 벼슬을 얻으려 했으나 위의 혜왕惠王은 그를 기용하지 않았다. 진나라로 가서 효공의 총신인 경감景監의 주선으로 효공과 4차례 접견한 후 중용되었다. 상앙은 그 과정을 경감에게 설명했다.

나는 공공에게 삼황오제의 도를 행하면 하·은·주 삼대에 견줄만한 태평성대를 누릴 것이라고 말씀드렸습니다. 그러나 공은 "너무나 멀고 길어 나는 기다릴 수 없소.
현명한 군주는 자기가 자리에 있을 때 천하에 이름을 드날리오. 어떻게 꾹 참고 백 년 후에 제왕帝王의 업이 이루어지기를 기다릴 수 있겠소?"라고 하였습니다.
그래서 강국을 만드는 방도를 공에게 말씀드리니, 이를 듣고 매우 기뻐하였습니다.
그러나 공은 은·주 시대의 제왕에 비견되는 덕행을 이루지는 못할 것입니다.

법을 바꾼다는 뜻인 변법은 구체적으로는 이전의 분권적인 봉건 체제에서 각 지역마다 독자적으로 유지되어 온 다양한 전통과 관습을 없애고 군주를 정점으로 하는 일원적 정치 질서를 전국에 구현하려는 정책이다.

상앙의 변법은 5인 가족으로 이루어진 소농을 창설하고, 촌락 내의 인민을 상호감시하고 고발하도록 하였으며, 귀족에 대해사도 엄격한 통제를 가했다. 무공을 세우지 못하면 귀족의 특권이 세습되지 못하도록 했다. 민이 엄격한 국가 통제와 의무를 견디지 못해 망명하지 못하도록 거주지 무단이탈을 엄벌했다. 부전(符傳 : 여행증명서)을 발급받지 못하면 여행도 할 수 없었다. 20세기 공산주의에서나 볼 수 있는 엄격한 주민 통제였다. 비록 효공이 죽으면서 구 귀족층의 반격으로 상앙은 사형에 처해졌으나 진나라의 변법은 폐기되지 않고 계속 시행되었다.

법가를 채용해 중국을 통일한 진나라

(2) 백기의 무공

효공의 뒤를 이은 혜문왕惠文王 영사嬴駟는 BC. 316년 물산이 풍부한 촉蜀나라를 멸하여 영토와 인구를 크게 늘렸다. 혜문왕의 장자로 뒤를 이은 무왕(武王, 재위 311 BC~307 BC)은 성명이 영탕嬴蕩인데, 한韓나라의 요새인 의양을 함락했고 한은 6만 병력을 잃었다. 무왕이 사고로 일찍 죽자 이복아우인 영직嬴稷이 즉위하니 곧 소양왕(昭襄王, 재위 306 BC~251 BC)이다. 소양왕은 50년 넘게 재위하면서 영토를 크게 넓히고 중국 통일의 기반을 확고히 했다. 이에는 명장 백기(白起, c.332 BC ~ 257 BC)의 역할이 절대적으로 컸다.

BC. 293년(소양왕 14년) 백기는 이궐伊闕에서 한나라와 위나라의 연합군 24만을 참수했고 BC. 278년(소양왕 29년)에는 초나라를 공격해 수도인 영郢을 함락했다. 초는 진陳 지역으로 천도했다. 이 공으로 백기는 무안군武安君으로 봉해졌다.

BC. 273년(소양왕 34년)에는 위나라를 공격해 화양華陽을 함락하고 한·위·조의 여러 장군을 사로잡고 적병 13만을 참수했다. 그리고 초나라 장군 가언賈偃과 교전하여 그의 군사 2만을 황하에 빠트려 죽었다. BC. 264년(소양왕 43년)에는 한나라 형성을 쳐서 다섯 성을 함락하고 5만 명의 목을 베었다

BC. 260년(소양왕 47년) 백기는 장평長平에서 조괄趙括이 지휘하는 조나라 군을 대파하고 항복한 군사 40여만 명을 하룻밤 사이에 생매장하여 천하를 놀라게 했다.

다음은 『사기』「백기 왕전 열전」에서 백기의 엄청난 무공을 묘사한 부분이다.

백기는 미(郿) 지방 사람으로 병사를 잘 다뤄 진의 소왕昭王을 섬겼다.

소왕 13년 백기는 좌서장(左庶長)이 되어 군을 이끌고 한(韓)나라의 신성新城을 공격했다. 이해에 양후(穰侯, 소왕의 외삼촌)가 진의 재상이 되어 임비任鄙를 한중군漢中郡 태수로 임명했다.

그 이듬해 백기는 좌경(左更) 지위에 올라 한나라와 위나라의 연합군을 이궐에서 공격해 24만 명을 목 베고 적의 장수 공손희公孫喜를 사로잡았으며 다섯 성을 함락시켰다. 백기는 국위(國尉)로 승진되어 황하를 건너 한나라 안읍에서 동쪽으로 건하乾河에 이르는 땅을 점령했다.

이듬해 백기는 대량조(大良造) 지위에 올랐고 위나라를 쳐서 크고 작은 성 61개를 차지했다. 그 이듬해 백기는 객경 사마조(司馬錯)와 함께 원성(垣城)을 쳐 손에 넣었다. 그로부터 5년 뒤 백기는 조나라의 광랑성(光狼城)을 점령했다. 그 뒤 7년에 백기는 초나라를 공격해 언(鄢)과 등(鄧)의 다섯 성을 차지했다. 그 이듬해에도 초나라를 공격해 영(郢)을 점령하고 이릉(夷陵)을 불살랐으며 마침내 동쪽으로 경릉(竟陵)에 이르렀다.

초나라 왕은 영을 버리고 동쪽에 위치한 진(陳)으로 수도를 옮겼다. 그러자 진나라는 영을 남군(南郡)으로 삼았다. 백기는 무안군(武安君)에 봉해졌다. 무안군은 초나라를 포위, 공격해 무군(巫郡)·검중군(黔中

郡)을 평정했다.

  소왕 34년 백기는 위나라를 공격해 화양(華陽)을 함락시키고 적장 망묘(芒卯)를 달아나게 했으며 삼진(三晉, 한·위·조 삼국을 뜻함)의 장군들을 사로잡았고, 적병 13만 명의 목을 베었다. 초나라 장군 가언(賈偃)과 싸워 그의 군사 2만 명을 황하에 빠뜨려 죽었다.

  소왕 43년 백기는 한나라 형성(陘城)을 쳐 다섯 성을 점령하고 5만 명의 목을 베었다.

  44년, 백기는 남양(南陽)을 공격해 태항산(太行山)의 길을 끊었다.

  45년 한나라 야왕(野王) 지방을 쳤다. 야왕이 진나라에 항복해 상당(上黨)으로 가는 길이 끊겼다. 상당 태수 풍정(馮亭)은 백성들과 이렇게 모의했다.

  "(한나라) 수도 신정(新鄭)으로 가는 길이 이미 끊겼으니 한나라는 이곳의 우리 백성들을 보호할 수 없을 것이다. 진나라 군대가 쳐들어오고 있는데도 한나라는 상대조차 못하니 상당을 바쳐 조나라에 귀속되는 것이 낫다. 조나라가 만일 우리를 받아들이면 진나라는 화가 나서 반드시 조나라를 공격할 것이다. 조나라가 진나라의 공격을 받으면 반드시 한나라와 가까워질 것이고, 한나라와 조나라가 하나로 뭉치면 진나라에 대항할 수 있다."

  조나라에 사람을 보내 이러한 뜻을 알렸다. 조나라 효성왕(孝成王)이 평양군(平陽君, 조표趙豹)·평원군(平原君, 조방趙勝)과 함께 이 일을 논의하자 평양군이 말했다.

  "받아들이지 않는 것이 좋습니다. 받아들이면 이득보다 재앙이 클 것입니다."

  그러나 평원군은 이렇게 말했다.

  "아무 조건 없이 군 하나를 얻는 것이니 받는 것이 좋습니다."

조나라 왕은 이것을 받아들여 풍정을 화양군(華陽君)에 봉했다.

46년 진나라는 한 나라의 구지(緱氏)·인(藺)을 쳐서 점령했다.

47년 진나라는 좌서장 왕흘(王齕)에게 한나라를 치게 해 상당을 점령했다. 그러자 상당의 백성들이 조나라로 달아났다. 조나라는 장평(長平)에 군을 주둔시켜 상당의 백성들을 보호했다.

그해 4월에 진나라는 조나라가 상당 백성들을 보호한다고 해 왕흘에게 조나라를 치도록 했다. 조나라는 염파(廉頗)를 장군으로 삼았다. 조나라 군대의 사졸이 진나라의 정찰병에게 싸움을 걸었는데, 오히려 진나라의 척후병이 조나라 비장(裨將) 가(茄)를 죽였다. 6월 진나라 군대가 조나라 군대를 꺾고 보루 두 개를 빼앗았으며 도위(都尉) 네 명을 포로로 삼았다. 7월 조나라 군대는 누벽(壘壁)을 쌓아 지켰으나 진나라 군대가 다시 그 누벽을 공격해 도위 두 명을 사로잡고 그 진지를 깨뜨렸으며 서쪽의 누벽을 빼앗았다.

염파 장군은 누벽을 더욱 튼튼하게 쌓고 진나라 군대에 대비했다. 진나라 군대가 여러 차례 싸움을 걸었지만 조나라 군대는 누벽에서 나가 싸우지 않았다. 그러자 조나라 왕은 염파에게 자주 나가 싸우지 않는다고 꾸짖었다. 한편 진나라 재상 응후(應侯)는 조나라에 사람을 보내 많은 돈을 뿌려가며 이간책을 썼다.

"진나라가 두려워하는 것은 마복군(馬服君, 조나라의 명장인 조사趙奢)의 아들 조괄(趙括)이 장군이 되는 것뿐이다. 염파는 상대하기 쉽다. 그는 앞으로 진나라에 항복할 것이다."

조나라 왕은 이미 염파의 군대에 죽은 자나 달아나는 자가 많고 싸움에 여러 번 졌는데도 누벽을 튼튼히 할 뿐 대담하게 싸우지 않는 것을 불만스럽게 여겼다. 그러던 중 진나라 이간자의 말을 듣게 되자 염파 대신 조괄을 장군으로 임명해 진나라를 치게 했다. 진나라는 마복군의 아들이 장군이 되었다는 소식을 듣고, 은밀히 무안군 백기를 상장군(上將軍)으로 삼고 왕흘을 부장으로 삼아 군중에 명령을 내렸다.

"감히 무안군이 장군이 되었다는 말을 입 밖에 내는 자가 있으면 목을 벨 것이다."

조괄은 보루에 도착하자마자 군사를 내어 진나라 군을 치게 했다. 그러자 진나라 군은 지는 척하며 달아났다. 진나라 군은 조나라 군을 포위해 공격할 계획이었다. 조나라 군은 승세를 타고 추격해 진나라 누벽까지 다가왔지만 누벽을 튼튼하게 지키고 있어 들어갈 수가 없었다. 이때 진나라 복병 2만 5천이 조나라 군의 뒤를 끊고 5천 기병이 조나라 군과 누벽 사이를 끊었다. 그래서 조나라 군은 둘로 나뉘어 식량 보급로가 끊어졌다.

진나라 군은 가볍게 무장한 날랜 병사를 내어 조나라 군을 쳤다. 조나라 군은 상황이 불리해지자 누벽을 쌓고 성을 지키며 원군이 오기만을 기다렸다. 진나라 왕은 조나라 군의 식량 보급로가 끊어졌다는 소식을 듣고 직접 황하 이북으로 들어가서 백성들에게 작위 한 계급씩을 내리고, 15세 이상인 사람을 뽑아서 모두 장평으로 보내 조나라의 구원병과 식량이 오지 못하도록 막았다.

九月이 되자 조나라 군은 식량 보급을 받지 못한 지 46일이나 되어 안에서는 서로 죽여 잡아먹는 지경이 되었다. 조나라 군은 탈출하려고 4개 부대를 만들어 진나라의 보루를 네댓 번 공격했으나 포위망을 벗어날 수 없었다. 장군 조괄은 직접 정예군을 이끌고 선두에 나서 싸웠으나 진나라 군이 쏜 화살에 죽었다. 마침내 조괄의 군사가 패배해 병졸 40만 명이 무안군에게 항복했다. 무안군은 이렇게 말했다.

"이전에 진나라가 상당을 점령했는데 상당의 백성들이 진나라로 귀속되는 것을 싫어해 조나라로 돌아갔다. 조나라 병사들은 마음을 잘 바꾸므로 모두 죽이지 않으면 나중에 반란을 일으킬지도 모른다."

백기는 사람들을 속여 모두 생매장을 하고 남겨진 어린아이 240명만을 조나라로 돌려보냈다. 머리를 벤 자와 포로가 된 자는 이때를 전후로 45만 명이나 되었다. 조나라 사람들은 두려워 벌벌 떨었다.

진의 전쟁 수행에는 엄청난 유혈 참극이 의례 벌어졌는데, 이는 민을 가축으로 보는 법가의 인간관을 전폭 수용한 결과이다. 적군을 도살하는 것은 가축을 도살하는 것과 다를 바가 없으므로 마음에 부담을 느끼지 않았다.

장평대전 직후 백기는 바로 조나라 수도인 한단으로 쳐들어가 멸망시키자고 주장했지만 진의 재상 응후는 백기가 공을 세움으로써 자신보다 더 높은 자리에 올라 자신에게 정치적 보복을 할까 우려했다. 결국 조나라의 세객인 소대의 유세에 넘어가 소양왕을 설득해 몇 달 후 한단을 공격하도록 했다.

(소양왕) 48년 十月 진나라는 다시 상당군을 평정하였다. 진나라는 군사를 둘로 나누어 왕흘 王齕이 피뢰皮牢를 쳐서 점령하고, 사마경司馬梗이 태원太原을 평정하였다.

한나라와 조나라가 두려운 나머지 소대(蘇代 : 소진蘇秦의 아우)에게 후한 예물을 가지고 가서 진나라 재상 응후의 마음을 달래게 했다.

"무안군이 마복군의 아들을 잡았습니까? [武安君禽馬服子乎?]"

"그렇소. [然.]"

또 (소대가) 말했다.

"곧바로 한단(邯鄲 : 조나라의 수도)을 포위할 것입니까? [即圍邯鄲

乎?]"

"그렇소. [然.]"

"조나라가 망하면 진왕은 천하의 왕이 되고, 무안군은 삼공三公이 될 것입니다. 무안군이 진나라를 위해 싸워서 이기고 70여 개의 성을 공격해 빼앗았으며, 남쪽으로 언·영·한중을 평정하고 북쪽으로는 조괄의 군대를 모두 사로잡았으니, 비록 주공周公·소공召公·여망(呂望 : 태공망)의 공적도 이보다 더하지 못할 것입니다.

지금 조나라가 망하고 진왕이 천하의 왕이 되면 무안군은 반드시 삼공이 될 것인데, 그대는 그보다 낮은 자리를 참을 수 있겠습니까? 비록 그 밑에 있지 않으려고 해도 그렇게 되지는 않을 것입니다.

진나라가 일찍이 한나라를 공격해 형구邢丘를 포위하고 상당을 곤궁하게 했을 때, 상당의 백성들은 모두 조나라로 갔으니 천하가 진나라의 백성이 되는 것을 싫어하게 된 지가 이미 오래되었습니다. 지금 조나라가 망하면 북쪽 땅은 연나라로 들어가고, 동쪽 땅은 제나라로 들어가며, 남쪽 땅은 한나라와 위나라에 들어갈 것이니, 그대가 얻을 백성은 얼마 되지 않을 것입니다. 그러므로 차라리 조나라의 땅을 나누어 받고 무안군이 공을 세우지 못하게 하는 쪽이 낫습니다.

[趙亡則秦王王矣, 武安君爲三公. 武安君所爲秦戰勝攻取者七十餘城, 南定鄢, 郢, 漢中, 北禽趙括之軍, 雖周召呂望之功不益於此矣. 今趙亡, 秦王王, 則武安君必爲三公. 君能爲之下乎. 雖無欲爲之下, 固不得已矣. 秦嘗攻韓, 圍邢丘, 困上黨, 上黨之民皆反爲趙, 天下不樂爲秦民之日久矣. 今亡趙, 北地入燕, 東地入齊, 南地入韓魏, 則君之所得民亡幾何人. 故不如因而割之, 無以爲武安君功也.]"

이에 응후가 진왕에게 말했다.

"진나라 병사는 지쳤으니, 한나라·조나라의 땅을 나누어 받고 화친을 맺어 병사들을 쉬게 하여야 합니다.
[秦兵勞, 請許韓趙之割地以和, 且休士卒.]"

진왕은 이를 받아들여 한나라의 원옹垣雍과 조나라의 성 6개를 할양받고 화친했다. 정월에 병사를 모두 불러들였다. 무안군은 이 소식을 들었는데, 이 때문에 응후와 사이가 벌어졌다.

* 응후 *

응후는 범수(范雎, ? ~ 255 BC)의 작위 이름이다. 문헌에 따라 범저(范且) 또는 범저(范雎)로 표기되어 있다. 응(應)에 봉해져 응후(應侯)라고도 부른다.

범수는 전국 시대 위(魏)나라 사람으로 변설에 능했다. 위나라 재상 위제(魏齊)를 위해 일하다가 모함으로 태형을 당해 허리뼈가 부러진 뒤 이름을 장록(張祿)으로 고쳤다. 진나라 사신으로 온 왕계(王稽)와 친우 정안평(鄭安平)의 도움으로 진나라로 달아나 소양왕을 섬겼다.

BC. 270년(소양왕 37년) 소양왕에게 원교근공(遠交近攻) 정책을 제안해 큰 성공을 거뒀는데, 이것이 나중에 진나라가 중국을 통일하게 되는 기초가 되었다.

소양왕은 범수의 책략을 칭찬했고, 그를 객경에 임명하여 대외 군사 행동을 전문적으로 기획하고 논의하도록 했다. 범수의 모략에 따라 진은 위를 공격하여 회성(지금의 하남성 무척현 서남)을 차지했다. 2년 뒤에는 형구(지금의 하남성 온현 동쪽 부평 옛성)를 공략했다. BC. 266년(소양왕 41년) 소양왕은 응(지금의 하남성 노산현 동쪽)을 범수에게 봉지로 내리고 응후라는 작위를 내림으로써 양후의 재상 자리를 대신하게 했다.

BC. 257년(소양왕 50년) 명장 백기를 자살하게 만든 뒤 정안평을 장군에 앉혔다. 정안평이 조나라를 공격했다가 지고 조나라에 항복하자 범수는 책임을 지고 물러났다. 일설에는 소양왕에게 논죄를 당해 처형당했다고도 한다.

*　　*　　*

장평의 패전 이후 조나라는 이후 몹시 쇠약해졌으나 명장 염파廉頗의 분투로 버틸 수 있었다.

백기는 오히려 뛰어난 무공 때문에 BC. 257년(소양왕 50년) 왕의 강요로 자결했다. 『사기』 「백기 왕전 열전」은 그의 죽음을 다음과 같이 서술했다.

그해 九月 진나라는 다시 병사를 내어 오대부(五大夫) 왕릉(王陵)에게 조나라와 한단을 공격하도록 했다. 이때 무안군은 병이 들어 전쟁에 나갈 수 없었다.

49년 정월(十月, 진나라는 시월이 정월이었음) 왕릉이 한단을 공격했으나 전황은 그다지 유리하지 않았다. 진나라는 더욱 많은 병력을 보내 왕릉을 도왔으나 왕릉은 5개 교(校, 1교는 800명으로 구성)를 잃었다. 무안군의 병이 나았으므로 진나라 왕은 왕릉 대신 무안군을 장군으로 삼으려 했다. 그러자 무안군은 말했다.

"한단은 쉽게 공략할 수 없습니다. 게다가 다른 제후국의 구원병이 날마다 도우러 올 것입니다. 제후들은 진나라에 원한을 품은 지 오래되었습니다. 장평의 적군을 무찌르기는 했으나 진나라 군사도 절반이 넘게 죽어 지금 나라는 비어 있습니다. 그런데 멀리 산과 물을 건너 남의 나라 도읍을 치려 하니, 조나라 군대가 안에서 호응하고 제후들이 밖에서 친다면 진나라 병사는 반드시 무너질 것입니다. 한단을 쳐서는 안 됩니다."

무안군은 진나라 왕이 직접 명령해도 가지 않았다. 그래서 응후를 보내 이 일을 부탁하도록 했지만 무안군은 끝내 사양하고 가려 하지 않았다. 칭병하고 집에 들어앉았다.

진나라 왕은 어쩔 수 없이 왕릉 대신에 왕흘을 장군으로 삼아 8월과 9월에 한단을 포위했으나 함락시키지는 못했다. 그런데 초나라가 춘신군春申君과 위나라의 공자 신릉군信陵君에게 10만 병력을 이끌고 진나라 군을 치도록 했다. 진나라 군사는 많은 전사자와 도망자를 냈다. 그러자 무안군이 말했다.

"왕께서 신의 말을 듣지 않은 결과 지금 어떻게 되었는가."

진나라 왕은 이 말을 듣고 노해 무안군을 억지로라도 출전시키려 했으나 무안군은 병이 중하다며 듣지 않았다. 응후가 간청했으나 소용없었다. 이에 진나라 왕은 무안군을 병졸로 만들어 음밀(陰密)로 옮겨 살게 했다. 그러나 무안군은 병이 들어 옮겨가지 못했다. 석 달이 지나자 제후들의 연합군은 공격을 했고, 진나라 군대는 위급해져 여러 번 물러났고 (전황을 알리는) 사자가 날마다 왔다. 진나라 왕은 사람을 시켜 백기를 함양에 더 이상 머물지 못하게 했다. 무안군이 길을 나서 함양의 서문에서 10리 거리에 있는 두우杜郵에 이르렀을 때였다. 진나라 소왕은 응후 및 여러 신하들과 상의한 끝에 말했다.

"백기가 유배를 가면서 속으로는 불만을 품고 복종하지 않았으며. 뼈 있는 말을 했소.

[白起之遷, 其意尚怏怏不服. 有餘言.]"

진나라 왕은 곧 사자를 보내 검을 주면서 자결하라고 했다.

무안군이 칼을 받아들고 스스로 목을 찌르려다가 말했다.

"내가 하늘에 무슨 죄를 지어 이 지경에 이르렀는가? [我何罪于天而至此哉?]"

한참을 생각하다가 말했다.

"나는 죽어 마땅하구나. 장평 전투에서 항복한 조나라 병사 수십만을 내가 속이고 모두 구덩이에 파묻었으니 이것만으로도 죽어 마땅하다. [我固當死. 長平之戰, 趙卒降者數十萬人, 我詐而盡阬之. 是足以死.]"

마침내 자결했다. 무안군이 죽으니 진나라 소양왕 50년 十一月의 일이다.

그는 죽었으나 죄가 없었으므로 진나라 사람들은 애석하게 여겨 모든 마을이 제사를 지내주었다.

사마천은 백기의 삶에 대해 "백기는 적정敵情을 헤아려 능란한 임기응변과 기이한 계책을 무궁무진하게 내어 이름을 천하에 떨쳤다. 그러나 응후와의 틈에서 생긴 자신의 환란은 구제하지 못했다."고 평했다.

법가를 채용해 중국을 통일한 진나라

(3) 시황제의 중국 통일

BC. 256년 진은 명맥만 유지하던 주 왕실을 멸망시켰다. 또한 같은 해 초나라는 노나라를 멸망시켰다.

전국칠웅戰國七雄 가운데 진은 나날이 국력이 커지고 나머지 6국은 평균적으로 약체화되어 당대의 식자들은 진에 의한 무력 통일은 시간문제라고 보게 되었다. 소양왕 치세 말기에 진나라에 들어가 국정을 살펴본 순자는(순자가 진에 들어간 시기는 BC. 260 ~ BC. 255 사이로 추정) 진의 재상 응후에게 다음과 같이 소감을 말했다.

> 경내에 들어와 그 풍속을 보니, 그 백성은 질박하고 음악은 속되지 않고 복장도 난하지 않으며, 관청을 몹시 두려워하여 순종하니 상고시대의 백성과 같습니다.
> 도시와 관청을 보니 모든 리(吏 : 하급관리)는 소연蕭然하고 공검恭儉·돈경敦敬·충신忠信하여 상고시대의 리와 같습니다.
> 국도國都에 들어가 사대부들을 보니 집을 나서서 관부에 출근하여 일을 보고 귀가할 뿐 사사로운 일을 꾀하지 않고 붕당을 만들지 않으며 막힘이 없고 공정하지 않음이 없는 것이 현저히 돋보이니 상고시대의 사대부와 같습니다.
> 조정朝廷을 보니 (고관이) 퇴조退朝할 때는 모든 일을 처리하여 계류

하는 것이 없어 한가로움이 마치 '무치無治' 상태 같으니 상고시대의 조정과 같습니다.
그러니 사세(四世 : 효공·혜문왕·무왕·소양왕)에 걸쳐 타국에 전승戰勝한 것도 운이 아니라 필연적 결과라 하겠습니다.

이때 진은 법가 사상이 이상적으로 구현되고 있었다. 그러나 법가의 한계를 잘 아는 순자는 범수에게 다음과 같이 충고했다.

진은 매우 훌륭한 나라로 상당한 장점이 있지만 한 가지 모자란 점이 있습니다.
이처럼 엄중한 국가통제가 행해지는 나라에서는 기초적인 이론이 중요합니다. 유교를 채용하여 이를 기초 이론으로 삼으면 더욱 안정된 나라가 될 것입니다. 유교를 무시하는 것이 이 나라의 가장 큰 단점입니다.

BC. 251년 소양왕이 세상을 떠나자 태자인 안국군安國君 영주嬴株가 즉위하니 그가 효문왕孝文王이다. 노령의 효문왕은 이듬해 죽고 태자 영자초嬴子楚가 즉위하니 장양왕莊襄王이다. 장양왕도 3년 만에 죽어 그의 아들인 영정嬴政이 10세가 조금 넘은 어린 나이로 진의 왕이 되었다(영정은 BC. 259년생). 그가 훗날의 시황제이다. 나이가 어려 조모인 화양태후華陽太后와 승상 여불위呂不韋가 섭정했으나 BC. 238년부터 친정했다.
진왕 영정의 치세기에 법가로 활약한 이가 이사李斯이다. 이사는 초나라 사람으로 유가인 순자에게서 학문을 익혔다. 그는 학업을 마치고는 초나라 왕은 섬길만한 인물이 못되고 6국은 모두 약소하여 섬겨서 공을 세울 만한 나라가 될 수 없다고 보고 진나라로 가기로 했다. 그는 스승 순자에게 작별하며 말했다.

> 저는 시(時 : 기회)를 얻으면 주저하지 말라는 말을 들었습니다.
> 지금은 만승萬乘의 제후들이 바야흐로 서로 세력을 다투고 있는 때로서 유자(遊子 : 유세객(유자)들이 정치를 주관하고 있습니다. 진나라 왕은 천하를 집어삼키고 제帝라고 일컬으며 다스리려고 하니, 이는 포의布衣인 선비가 능력을 펼칠 때이며 유세자遊說者의 시대가 온 것입니다.
> 비천한 지위에 있으면서 아무런 계책도 세우지 않는 것은 금수와 같은 것입니다.
> 그러므로 비천한 것이 가장 부끄러운 것이며, 궁핍한 것이 가장 슬픈 것입니다. 오랜 세월 비천한 지위와 곤궁한 처지에 있으면서 세상을 나무라고 이익을 싫어하여 아무 것도 하지 않는 것이 선비의 마음은 아닐 것입니다. 그래서 저는 서쪽 진나라 왕에게 유세하려고 합니다.

이사는 진나라로 가서 여불위의 문객門客이 되었다. 여불위는 그를 현명하다고 보아 낭관(郎官 : 왕의 시종관)으로 임명했다. 이사는 진왕 영정에게 6국 이간책을 유세하여 인정을 받았다.

진이 전국칠웅 가운데 독보적인 강국이기는 해도 나머지 6국이 연합하면 진을 대적할 수 있었다. 그러기에 6국의 연합을 방지하려는 이른바 연횡책은 진 혜문왕 때부터 진이 추구한 바였다. 이사는 6국 연합을 방지하려는 외교술의 중요성을 잘 설파한 것이다.

진왕 영정은 이사의 계책에 따라 은밀히 모사들에게 황금과 주옥을 가지고 가서 6국의 군주들에게 유세하도록 했다. 6국의 유명 인사들 가운데 매수할 수 있는 자에게는 거액의 뇌물을 주어 진나라를 편들게 하고, 넘어가지 않는 자는 자객을 보내 암살해 군주와 신하 사이를 이간시켰다. 진왕 영정은 이러한 공작과 정복전쟁을 병행했다.

【요즈음 중국공산당이 대한민국에 이러한 수법을 쓰고 있다】

BC. 236년 진왕 영정은 왕전王翦과 환기桓齮를 보내어 조나라를 공격했다. 왕전은 업鄴 주위의 성 아홉 개를 점령했다.

BC. 234년 환기는 조의 평양平陽을 공격했다. 평양을 구원하러 온 조나라 군사 10만을 참수했다.

BC. 233년 진의 장수 왕전이 조나라의 적려赤麗와 의안宜安을 공격했다. 그러자 조나라 왕 조천趙遷은 흉노匈奴의 침략에 대비해 북방을 지키던 장수 이목李牧을 대장군으로 삼아 진나라 군대와 맞서도록 하였다. 이목은 비肥 성 아래서 싸워 진군을 대파하니, 진의 장수 환기는 달아났다. 이에 조나라 왕은 이목을 무안군武安君으로 봉했다.

BC. 232년 진나라가 번오番吾를 공격하자 이목이 이를 물리쳤다. 이목은 또한 남쪽으로 한나라와 위나라의 공격을 막았다.

BC. 230년 진왕 영정은 한나라를 공략해서 한나라 왕 한안韓安을 포로로 잡고 한을 멸망시켰다. 한나라 영토는 영천군潁川郡으로 삼았다.

BC. 229년 진왕 영정은 왕전과 양단화楊端和를 보내어 조를 공격했다. 조나라의 두 장수 이목과 사마상司馬尚은 수도 한단을 공격하는 진나라의 정예병을 막아냈다.

진나라는 이목이 있는 한, 조나라를 멸망시키긴 힘들다고 보고, 염파를 모함했던 조나라의 간신 곽개郭開를 매수해 이목을 모함했다. 곽개의 말에 넘어간 조왕 조천은 이목을 해임했다.

이목의 죽음을 전하는 여러 저서는 다르게 서술한다.

『전국책』에서는 곽개가 아닌 한창韓倉이라는 대신의 모함을 받았고, 이목은 궁궐에서 자결했다고 한다. 『열녀전』에서는 곽개가 아닌 조왕 조천의 어머니가 뇌물을 받고 이목을 죽였다고 한다. 반면에 『사기』 「염파 인상여 열전」에 의하면, 조왕은 곽개의 모함을 듣고 조총趙蔥과 안취顏聚를 보내 이목 대신에 군대를 지휘하게 했다. 이목이 명령을 따르지 않자 조왕은 사람을 보내 그를 정탐하다가 체포하여 죽이고, 사마상을 해임시켰다.

이목이 죽고 사마상도 해임되자, 방해물이 완전히 사라진 진나라는 BC. 228년 조나라를 대대적으로 침공했다. 왕전이 지휘하는 진군은 석 달도 지나지 않아 조나라의 수도인 한단을 함락하고 조왕 조천을 생포하여 조나라를 멸망시켰다. 이때 조왕 조천의 아우 조가趙嘉가 종족 수백을 이끌고 연나라 서쪽에 접한 대代 지역으로 달아나 자립해서 대왕代王을 칭했다. 조가는 연나라와 연합에 진에 대항하려 했다. 연은 주 무왕武王의 둘째 아우 소공召公 희석姬奭이 분봉 받아 세운 나라이다.

BC. 227년 연나라 태자 희단姬丹은 형가荊軻를 자객으로 보내어 진왕 영정을 암살하려 했으나 실패했다. 진왕 영정은 왕전과 신승辛勝을 지휘관으로 하여 연 정벌군을 보냈다. 왕전이 지휘하는 진군은 연군을 두 차례 크게 격파했고, BC. 226년 연의 수도인 계(薊 : 오늘날의 북경 일대)를 함락시켰다. 연왕 희희姬喜는 요동遼東으로 도주했는데, 태자 희단의 머리를 진에 보내어 사죄했다.

BC. 225년 왕전의 아들 왕분王賁은 위의 수도 대량大梁을 함락하여 위를 멸망시켰다. 진왕 영정은 이어 초나라를 목표로 했다. 초나라는 6국 가운데 최강국이었으므로 쉽게 멸망시킬 수 없었다. 당시 진의 최고 명장 왕전은 초를 정복하려면 60만 군사가 필요하다고 주장했다. 그러나 진왕 영정은 20만이면 충분하다는 젊은 장수 이신李信의 말을 따랐다. 이신이 초나라에 패하자 진왕은 왕전을 기용하고 60만 군사를 주었다. 왕전은 초나라를 1년여를 공격하여 BC. 223년 멸망시켰다. 왕전은 초나라를 멸망시킨 후 은퇴했다.

　BC. 222년 진나라 군사는 요동으로 달아난 연왕을 포로로 잡았다. 회군하는 길에 진군은 대 지역을 공략했다. 대왕을 칭한 조가는 자결했다.

　BC. 221년 진은 최후로 남은 제나라를 공격해 수도 임치臨淄를 함락하여 제를 멸망시켰다. 마침내 중국을 통일한 진왕 영정은 이때 나이가 만 38세였다.

시황제와 유교

진왕 영정은 중국을 통일하자 자신의 공적에 알맞게 군주의 칭호를 제정하라고 신하들에게 명했다. 이에 승상 왕관王綰, 어사대부 풍겁馮劫, 정위(廷尉 : 최고위 사법관) 이사 등이 태황(太皇)이라는 칭호를 건의했다. 진왕 영정은 이에 자신의 의견을 말했다.

'태' 자를 없애고 '황' 자를 남겨두고 상고시대의 제帝 칭호를 받아들여 황제皇帝라 칭할 것이다. 다른 것은 논의한 대로 하라.

이어 진왕 영정은 자신을 시황제(始皇帝 : 첫 황제)라 부르도록 했다.
황皇은 원래 '빛나는' '위대한' 등의 의미가 있다. 예를 들면 '황천황천皇天'은 '위대한 하늘'이란 뜻이다. 제帝는 상제上帝를 의미한다. 상제는 천제天帝라고도 하는데 하늘에서 우주만물을 주재하는 최고의 신이다. 그러므로 황제는 '빛나는 상제'란 의미가 된다.

황제 이전 군주의 최고 호칭은 왕으로 주나라 군주만이 독점할 수 있는 호칭이었다. 주의 왕을 또한 천자天子라고 했는데, 상제(천제)의 아들이란 뜻이다. 그러니까 천자에는 상제의 명을 받아 인민을 다스리는 군주라는 의미가 들어 있다. 이에 비해 황제는 상제 그 자체가 된다. 황제는 지상에 출현한 상제로서 당연히 전제군주가 될 수밖에 없었다.

그러면 황제 권력이라는 절대 권력이 탄생할 객관적 조건은 있었는가?

당연히 있었다. 진나라에서는 법가가 추구한 변법 개혁의 성공으로 군주의 절대 권력이 성립할 수 있는 여건이 구비되었으니, 수전授田 제도에 기초한 이른바 제민(齊民 : 빈부 격차가 없는 가지런한 백성) 지배 체제의 완성이었다.

진의 수전 제도는 법가 사상에 기초한 것으로 5인 가족으로 이루어진 소농 가구에 — 이 역시 국가정책에 의해 인위적으로 형성된 것이다 — 국유 토지를 임대해 경작하도록 하고 농기구와 종자도 제공해 민의 생계를 보장했다. 그러나 잉여는 모두 수탈해 풍요를 허락하지 않았다. 제민 지배 체제에서 노예는 극소수로 국가 소유의 형벌노예가 대부분이었다. 제민 지배 체제는 민이 모두 국가에 예속되는 것을 원칙으로 했기 때문에 사노비의 출현을 엄금했다.

수전 제도는 어찌 보면 매우 공산주의적인 제도인데, 제민齊民을 인위적으로 창출해 호족(豪族 : 지방 세력가)의 사적 지배를 막고 국가가 인민을 독점하고 지배하는 것을 목표로 했다. 그러므로 제민 지배 체제는 계층 분화와 몰락 농민의 발생 여지를 철저히 봉쇄하는 것을 목표로 해 국가가 수여한 토지 이외의 토지를 점유하는 것도, 수여한 토지를 포기하는 것도 허용하지 않았다. 이는 국가가 모든 생산수단을 장악하고 모두에게 일자리를 제공한 20세기의 공산주의 체제와 유사한 것이었다. 평등하게 가난해지고 상호 감시와 고발을 일삼게 된 피지배층은 무력과 부를 독점한 국가권력(군주권)에 무력할 수밖에 없었다.

진나라가 완성한 중국의 황제 지배 체제는 지구상 출현한 여타 전제 군주정과 비교할 수 없을 정도로 강력히 민을 통제, 억압하는 것이었다.

조지 오웰은 볼셰비즘의 득세에 서구 문명이 위험에 처해 있다고 보고 이를 경고하려 『1984』을 지었다. 그런데 중국은 이 저술이 나오기 2천여 년 전에 '빅 브라더Big Brother'가 지배하는 정치체제를 구현했다.

통일을 하니 이제 광대한 영토를 어떻게 다스릴 것인지가 중대한 과제였다. 진나라는 일찍이 봉건제를 폐지하고 중앙정부가 관리를 파견해 지방을 직접 다스리는 군현제를 실시했다. 통일 후에도 군현제를 전국적으로 시행할 것인지는 논쟁거리가 되었다.
승상 왕관 등 고관 다수는 봉건제를 주장했다.

> 제후들이 막 무너졌지만 연나라, 제나라, 초나라 땅은 멀어서 왕을 두지 않으면 그들을 제압할 수 없습니다. (황제의) 여러 아들을 (왕으로) 세울 것을 청하오니 上께서 허락해 주십시오.

시황제는 여러 신하들에게 논의하도록 했는데, 모두 봉건제에 찬성했다. 정위 이사만이 군현제를 전국적으로 실시하자고 주장했다.

> 주 문왕과 무왕이 분봉한 자제子弟와 (주 왕실과) 동성同姓인 이들이 매우 많았으나 이후 후손들이 사이가 멀어져서 마치 원수같이 서로 공격했고, (성씨가 다른) 제후들은 더욱이 서로 죽이고 정벌했습니다. 그런데도 주나라 천자는 이를 막거나 그치게 할 수 없었습니다.
> 지금 해내海內가 폐하의 신령神靈에 힘입어 통일되어 모두 군현이 되었습니다. 여러 아들과 공신들에게 그곳의 부세賦稅로 후한 상을 내리면 매우 쉽게 통제할 수 있습니다.
> 천하에 다른 마음을 품는 자가 없게 하는 것이 천하를 평안하게 하는 술수입니다. 제후를 두는 것은 이롭지 않습니다.

시황제는 이사의 의견을 받아들였다.

천하에 전쟁이 멈추지 않아 모두 고통을 받았는데, 이는 (봉건된) 제후와 왕이 있었기 때문이었다. 종묘의 힘을 입어 천하가 막 평정되었는데, 또 다시 (분봉하여) 제후국을 세우는 것은 전쟁이 싹을 틔우면서 안식을 구하려는 것이니, 어찌 어렵지 않겠는가! 정위의 의견이 옳도다!

이는 진의 제민지배 체제를 중국 전역으로 확대 실시하기로 결정한 것이었다. 시황제는 통일 중국을 36개의 군으로 나누었는데, 1개 군의 인구는 100만 정도였다. 군은 몇 개의 현으로 나누었다. 군의 장관을 수守, 현의 장관을 령令이라 했는데 통상 군수郡守, 현령縣令이라 했다.

시황제 31년(BC. 216) 시황제는 제민지배 체제의 한계를 인정하는 중대 조치를 했다. 민이 실제 점유하고 있는 토지를 스스로 관에 신고하도록 한 것이다. 이는 수전 체제의 포기였다. 진은 제민지배 체제를 유지하기 위해 완벽할 정도의 법률, 제도, 정책을 갖추고 추진했다. 그러나 제민의 계층 분화는 어찌할 수 없는 것이었다. 농민 가운데 몰래 개간해 토지를 대규모로 점유한 지방 유력자가 나오고, 파산하는 소농도 나왔다.

제민지배 체제를 유지하기 위해서는 엄격한 주민 통제와 엄격한 형벌을 가하지 않을 수 없었는데, 이로 인해 범법자가 대량으로 나오게 되었다. 이들은 처벌을 피해 치안이 미치지 않는 지역으로 망명도주해 군도群盜가 되거나 지방 유력자에게 투탁했다. 이를 막으려 관료 기구를 비대화시킬수록 행정 비용은 증가하고 관의 부패는 심해져 국가재정이 위기에 봉착하고 법은 형해화되었다. 상황이 국가공권력으로 어찌할 수 없는 지경에 이르자 시황제는 현실을 인정한 것이다.

이듬해인 시황제 32년(BC. 215) 시황제는 토지를 경작하던 농민이 경작지를 영구 소유하는 것을 인정했다.

  제민지배 체제는 군주의 인민 지배를 저해하는 어떤 존재도 용인하지 않았다. 그러므로 몰락 농민을 사적으로 지배할 수 있는 대토지 소유자인 호족의 존재도 인정하지 않았다. 그런데 토지의 국유를 포기하고 사적 소유를 인정한 것은 한편으로는 호족이 자신에게 투탁한 소농민을 예속시키는 것을 용인한 것이었다.

  법가의 한계가 드러나 수전 제도를 포기했지만 시황제는 곧장 유가를 국가 통치의 원리로 채택할 수도 없었다. 법가의 엄형주의는 관성적으로 지속되었다.

  한편 수전 제도를 포기한 이 해에 시황제는 몽염에게 30만 병력을 주어 흉노 원정을 하도록 했다. 몽염은 오르도스 지방에서 흉노를 축출하고 34현을 설치했다. 시황제는 흉노의 침입에 대비해 몽염에게 만리에 이르는 장성을 쌓도록 했다. 전국시대에도 진나라, 조나라, 연나라는 흉노의 침입에 대비해 쌓았다. 이를 연결하고 대규모로 보완한 것이 시황제의 장성이다. 이때 쌓은 장성은 현재 남아있는 명나라 때 쌓은 만리장성보다 훨씬 더 북쪽에, 그리고 동쪽에 위치했다.

  만리장성은 북방 유목민족에 대한 지배를 포기하고 또 다른 세계를 인정한 것으로, "천지 사방은 모두 황제의 땅이다. 사람의 발길이 닿는 곳에 신하의 예를 갖추어 복종하지 않는 자가 없다"라고 시황제 스스로 규정한 무한적인 황제 통치 개념에 어긋나는 것이었다.

  시황제 35년(BC. 212) 유생에 대한 대대적 탄압이 있었다. 이는 신선술神仙術에 심취한 시황제가 방사(方士 : 신선술을 닦는 도사)들에게 사기를 당한 것이 발단이었다.

시황제는 중국을 통일하고 황제가 되자 곧 신선술에 빠졌다.

죽음을 피할 수 없는 인간에게 무병장수, 불로장생의 욕구는 자연스러운 것이다. 전쟁이 일상화되어 제명에 죽기 쉽지 않았던 춘추전국시대에 중국인의 불로장생에 대한 욕구와 관심은 증폭되었다. 이에 따라 장생불사의 깃발을 내걸고 세속을 벗어난 선계仙界를 추구하는 자들이 나왔는데, 이들을 방사라 했다. 방사는 속세의 범인凡人을 신선으로 만드는 길잡이 역할을 자임했다. 제의 위왕威王과 선왕宣王, 연의 소왕昭王 등 전국시대의 많은 군주들이 신선을 찾고 선약仙藥을 구하기 위해 방사들을 각지에 파견했다.

시황제는 통일 이후 전국으로 순행巡幸을 자주 했는데 시황제 28년(BC. 219) 두 번째 순행에서 산동 반도의 낭야산琅邪山에 석 달간 체류했다. 이때 방사 서불徐巿이 바닷속에 봉래산蓬萊山, 방장산方丈山, 영주산瀛洲山 등 삼신산三神山이 있으며 그곳에 신선들이 살고 있으니 어린 남녀와 함께 신선을 찾으라는 글을 올렸다. 시황제는 서불과 어린 남녀 수천을 보내어 신선을 찾게 했다.

【徐巿(서불)을 '서시'로 오독하는 경우가 많다. 巿(불)은 巾(수건 건)이 부수로 4획이다. 字義(자의)는 膝甲(슬갑 : 무릎 덮개), 앞치마, (초목이) 무성하다 등이다. 市(시)는 역시 부수가 巾으로 5획이다. 자의는 물건을 교역하는 시장, 사고팔다, 사다, 도시, 取하다, 유인하다 등의 뜻이 있다. 한자에는 字形(자형)이 구분하기 어려울 정도로 비슷한 글자들이 있다.】

시황제 32년(BC. 215) 3차 순행 역시 동쪽으로 갔는데, 이때 방사 한종韓終 후공侯公 석생石生을 보내어 불사약을 구하도록 했다.

시황제 35년에는 방사 노생盧生이 시황제에게 불사약을 얻는 방법을 말했다.

신들이 영지靈芝, 선약, 신선을 찾았으나 늘 만나지 못했으니 이는 무언가가 방해하는 것 같사옵니다. 방술에 인주(人主 : 임금)가 때로 신분을 숨기고 다니면서 악귀를 피하면 악귀가 물러나고 진인(眞人 : 신선이 된 자)이 온다 했습니다.

임금이 머무는 곳을 신하들이 알면 신선에게 방해가 될 것입니다. 진인은 물에 들어가도 젖지 않으며 불에 들어가도 타지 않고 구름을 타고 다니며 천지와 더불어 영원합니다. 지금 황제께서 천하를 다스리시나 아직은 편안하고 안정되지 않았습니다. 바라건대 머무시는 궁궐을 다른 사람들이 알지 못하게 한 다음에야 아마 불사약을 얻을 수 있을 것입니다.

이에 시황제는 "나는 진인을 흠모하니 스스로 진인이라 할 것이며 짐이라 칭하지 않겠다"고 말했다. 이후 시황제는 자신의 처소가 어디인지 모르게 했다.

방사들을 단순히 사기꾼이라 할 수는 없다. 이중에는 높은 유교적 소양을 가진 자들도 있었다. 상하 막론하고 신선술에 관심이 많던 시대였으므로 유자도 방술(方術 : 방사의 술법)을 익혀 방사와 구별하기 어려운 이도 많았다. 당시의 지식인들은 부귀영화를 얻으려 각자 유술, 법술, 신선술을 익히고 활용했다.

방사 후생侯生과 노생은 시황제의 정치를 다음과 같이 평하고 은거했다.

시황제는 천성이 사납고 자기주장만 내세우오. (일개) 제후에서 일어나 천하를 병탄하였고 그가 원하는 것은 모두 이루어지고 있소. 상고 이래 자신을 능가할 자가 없다고 자부하면서 오로지 옥리(獄吏 : 형벌에 관한 일을 심리하는 관리)만 믿어 그들을 총애하고 있소.

(유가의) 박사는 70인이나 있다 하나 자리만 채우고 있을 뿐 (시황제는) 그들의 말을 듣지 않고 있소. 승상과 여러 대신들은 모두 일상적인 업무만 지시받고 있을 뿐 모든 것은 오직 위에서만 결정되고 있소. 上은 형벌과 살육으로 위엄을 세우기를 좋아하니, 천하 사람들은 죄를 두려워하며 관리들은 녹봉에만 연연할 뿐 아무도 충성을 다하려 하지 않소. 상은 자신의 허물을 듣지 않으니 날마다 교만해지고 있으며, 신하들은 해를 입을까 두려워 엎드려 속여 안락함만을 취하고 있소.
진나라의 법은 한 사람이 두 가지 이상의 방술을 겸하지 못하게 하고 그 방술이 효과가 없으면 바로 사형이오. 성상(星象 : 별자리 모양)과 운기(雲氣 : 구름이 움직이는 모양)를 관측하는 자는 300명에 이르고 있는데 모두 훌륭한 선비이나 비위를 거스를 것이 두려워 아첨할 뿐 감히 황제의 과실을 직언하지 않소.
천하의 일이 크고 작은 것을 막론하고 모두 上에 의해 결정되니 상은 읽어야할 문서의 중량을 저울질해서 밤과 낮으로 읽을 분량을 정해놓는 지경에 이르렀소.
그 분량에 이르지 못하면 쉴 수도 없소. 권세를 탐하는 것이 여기에 이르렀으니 그를 위해 선약을 찾아서는 안될 것이오.

이는 시황제의 통치 행태에 대한 신랄한 비판이었다. 시황제의 통치는 만기친람萬機親覽에 국궁진력鞠躬盡力이었다. 제갈량과 박정희 대통령이 이런 유형의 정치를 했다. 국가 건설 초기에는 관료 조직이 유능하고 믿을만하지 못하므로 이런 유형의 통치가 큰 효과를 보고 또한 바람직하다. 그러나 이런 유형의 통치는 국가 수준이 일정 단계에 이르면 부작용이 너무 커진다. 시황제의 통치 행태는 법가 사상에 입각한 것으로 이념을 바꾸지 않는 한 어찌할 수 없는 것이었다. 이런 유형의 권력자는 좋게 보면 책임감이 크고 소명 의식이 뚜렷한 것이지만 나쁘게 보면 의심이 많아 다른 사람을 믿지 못하는 것이며 권력욕이 지나친 것이다.

시황제는 노생과 후생이 한 말을 듣고 크게 화를 냈다.

> 내가 전에 천하의 책을 거두어 그 가운데 쓸모없는 것들을 모두 없앴다. 문학과 방술을 하는 산비들을 무더기로 부른 것은 태평성대를 일으키고자 함이었는데, 방시들은 선약을 구하려 했다. 지금 들으니 방사 한종은 멀리 떠나서 소식이 없고, 서불 등은 거만巨萬의 비용을 들였는데도 끝내 불사약을 얻지 못하고 한갓 간사하게 이익만 챙긴다는 보고가 날마다 들린다.
> 내가 노생 등을 존중하여 그들을 몹시 후대했으나 이제는 나를 비방하니 나의 부덕함이 크다. 함양(咸陽 : 진의 수도로 지금의 西安)에 있는 유생들은, 내가 사람을 시켜 살피게 하니 어떤 자는 요사한 말로 백성을 현혹하고 있다.

시황제가 어사御使를 보내 수도 함양의 유생들을 심문하니 서로 고발했다. 법으로 금지한 것을 위반한 자가 460여 명이었다. 이들을 모두 함양에서 생매장했다고 한다. 그러나 생매장으로 처형하는 것은 진율秦律에 없다. 진율에 따른 방식으로 처형했을 것인데 예외적으로 전쟁포로를 학살하는 방법을 쓴 것으로 기록된 것은 시황제를 비방하기 위한 것일 수도 있다.

이 사건을 흔히 '갱유坑儒'라고 하지만 유생은 처형당한 자 가운데 일부였을 뿐이다. 시황제의 갱유는 본질적으로 방사 집단에 대한 탄압이었고 유생은 연루된 것에 불과했지만 유가 탄압의 전형으로 인식되었다.

시황제의 엄혹한 조치에 태자 영부소嬴扶蘇가 간언했다.

> 천하가 막 평정되었으나 먼 곳의 백성들은 아직 따르지 않고 있습니다. 유생들은 모두 암송하여 공자를 규범으로 하고 있는데, 지금 황상께

서 법을 엄격히 하여 그들을 옭아매니 신은 천하가 안정되지 않을까 두렵습니다. 황상께서는 이 점을 살피소서.

시황제는 노하여 태자를 멀리했다. 흉노를 방비하는 장군 몽염을 감시한다는 명분으로 태자를 북변의 상군(上郡)으로 보냈다.

시황제의 죽음과 진의 멸망

BC. 210년 시월 새해가 시작되자 시황제는 다섯 번째 순행에 나섰다. 【진 제국에서는 음력 시월이 세수(歲首: 새해의 시작)였다. 은나라의 세수는 십이월, 주나라의 세수는 십일월이었다.】

승상 이사, 中車府令(중거부령 : 황제가 타는 수례를 관리하는 벼슬) 겸 부새령(符璽令 : 황제의 옥새를 관리하는 벼슬)인 환관 조고趙高, 시황제의 막내아들 영호해贏胡亥가 수행했다.

시황제는 회계산會稽山에 올라 자신의 업적을 새긴 각석문刻石文을 남겼다.

현재 산동 반도에 있는 평원진平原津에 이르러 시황제는 앓아 누웠다. 죽음이 임박한 것을 알고 시황제는 북변에 있는 태자 영부소에게 보낼 새서(璽書 : 옥새로 봉인한 칙서)를 썼다. 돌아와 장례를 치르고 수도 함양에 안장하라는 내용이었다. 새서가 발송되지 않은 상태에서 시황제는 죽었다. 이때 그의 나이 만 49세였다. 뚜렷한 병명이 전해지지 않는 것으로 보아 과로사였던 것 같다.

승상 이사는 천하에 변란이 일어날 것을 우려해 시황제의 죽음을 비밀에 붙였다. 새서와 옥새를 보관하고 있던 조고가 이사와 호해를 설득해 새서를 위조했다. 내용은 태자 부소와 장군 몽염을 죽이고 호해를 태자로 삼으라는 것이었다.

부소는 유가를 중시하므로 그의 즉위는 이사에게 불리할 것이었다. 조고는 호해와 밀착했으므로 호해가 황제가 되면 조고의 위상은 높아질 것이었다. 호해, 이사, 조고 삼인의 이해관계가 일치하여 음모가 이루어졌다. 이 음모는 성공했다. 북방 전선에 있던 부소와 몽염은 자결하고 호해가 2세 황제가 되었다.

호해는 시황제를 여산릉驪山陵에 장사지내고 조고를 낭중령(郎中令 : 낭관의 長)으로 임명했다. 호해는 새 황제의 위용을 과시하려 전국을 순행하고 돌아와서는 형제와 자매를 살육했다.

여산릉 공사를 마무리한 호해는 미완성인 아방궁阿房宮 공사를 재개했다. 아방궁 공사는 시황제 35년에 시작되었다. 이 대토목공사를 위해서는 엄청난 인력을 동원해야했으며 이들을 먹일 식량도 막대했다. 관중關中에서 생산하는 곡물로는 모자라서 지방 군현에 곡물 수송을 명했다. 노동력 징발과 곡물 징발로 농민의 부담이 감당하기 어려울 정도로 커졌다.

관중關中

중국 섬서성(陝西省) 위수(渭水) 평원 일대 지역이다. 동쪽의 함관(函關)과 서쪽의 농관(隴關) 사이에 있다. 동쪽은 함곡(函谷), 남쪽은 무관(武關), 서쪽은 산관(散關), 북쪽은 소관(蕭關)으로 통하는 지역이기 때문에 이러한 지명이 됐다. 관내(關內), 관서(關西)라고도 한다.
군사적 요충지일 뿐 아니라 서쪽으로는 실크로드와 연결되고 남으로는 촉 지방에 이르는 교통의 요지이기도 하다. 진, 한, 수, 당의 도읍지인 장안(長安)이 관중의 중심에 있는 오늘날의 서안(西安)이다.
진·한 시대에는 수리 관개시설이 발달하고 경제의 요지여서 금성천리(金城千里), 천부지국(天府之國)으로도 불렸다.

호해가 제위에 오른 이듬해인 2세 황제 원년(BC. 209) 七月 빈농 출신인 진승陳勝과 오광吳廣이 거병했다. 진승은 오광과 함께 병사로 징발되어 북쪽 변방을 수비하려 900명과 더불어 길을 떠났다. 기현蘄縣의 대택향(大澤鄉, 지금의 안휘성 宿州市 宿縣 인근)에 이르렀을 때 큰 비를 만나 길이 막혔다. 진나라의 가혹한 법령에 따르면 기일 안에 도착하지 못하면 참수형이었다. 기일 내에 도착할 가능성이 없었으므로 모두가 동요했는데, 진승은 자신을 시황제의 태자인 부소, 오광은 초나라 장군 항연項燕이라 속이고 무리를 선동했다. 이에 무리는 인솔 책임자를 죽이고 거병했다.

900명의 반란군은 무기가 없어 나무로 창을 만들었다. 대택향을 습격해 병기를 얻고 이어 주변의 여러 현을 공략했다. 진승 무리에 가담하는 장정이 매우 많았는데, 과거 위魏의 명신名臣으로 이름이 높던 장이(張耳, ?~BC 202)와 진여(陳余, ?~BC 205) 등 진(秦)에 반기를 든 세력들도 잇달아 합류하였다. 초나라 말기의 수도였던 진(陳, 현재의 하남성 회양현 부근) 지역에 이르렀을 때 진승의 무리는 전차 600~700승, 기마 1천여 필, 병사 수만인 대부대가 되었다. 진승은 진을 점령한 뒤에 왕위에 오르고 국호 '초(楚)'를 크게 넓힌다는 뜻에서 '장초(張楚)'라 하였다. 진승이 반란을 일으킨 지 2개월 만의 일이었다. 오광은 왕을 대리하는 가왕假王이 되어 장수들을 감독했다. 이로써 진승은 중국 역사상 처음으로 피지배층에 속하는 인물로서 자력으로 군주의 지위를 차지했다. 후대에 이를 본받으려는 자들이 무수히 나왔다.

진승이 왕이 되자 노魯 지역의 유생들이 그에게 귀의했는데 이중에는 공자의 8대손(9세손)인 공부(孔鮒, 264 BC ~ 208 BC)도 있었다.

> **공부 孔鮒**
> 전국 시대 말기 때 사람. 자는 갑(甲) 또는 자어(子魚)며, 공자의 9세손이다.
> 진시황이 분서갱유(焚書坑儒)를 하기 전에 『논어論語』와 『효경孝經』 『상서尙書』 등의 책을 숨기고 위(魏)나라에 은거했는데, 뒤에 진승의 부름을 받고 나아가 박사博士가 되었다.

　진승이 반란을 일으켰다는 소식이 전해지자 2세 황제 호해는 박사와 여러 유생들을 불러 모았다.

　초나라에서 수成 자리 서던 병사들이 기蘄를 공격하고 진陳에 이르렀다 하니 여러분들은 어떻게 생각하오?

　박사와 유생 30여 명이 나서서 말했다.

　신하된 자가 역란逆亂을 일으켜서는 아니 됩니다. 역란은 곧 반란이니 죽어 마땅한 죄로 용서해서는 아니 됩니다. 폐하께서는 급히 군사를 내어 그들을 치소서.

　반란이라는 말에 호해의 안색이 변했다. 유사儒士 숙손통叔孫通이 나서서 호해를 달랬다.

　여러 유생의 말은 틀린 것입니다. 무릇 천하가 통일되어 각 군현의 성을 허물었고 무기를 녹여 다시는 사용하지 않겠다는 뜻을 천하에 보였습니다. 위로는 영명하신 황제가 계시고 아래로는 법령이 구비되어 사람들은 각자 본업에 충실하고 사방에서 모이고 있는데, 어디서 감히 반란을 일으키는 자가 있겠습니까?

저들은 군도群盜로 곡식을 훔치는 쥐나 물건을 물어가는 개일 따름입니다. 무슨 입에 담을 가치가 있겠습니까? 군수와 군위(郡尉 : 군의 치안 책임자)들이 그들을 잡아들여 죄를 다스리고 있으니 걱정할 필요가 있겠습니까?

숙손통의 말에 호해는 기뻐했다. 호해는 다른 유생에게 일일이 물었는데 반란을 일으킨 것이라고 규정한 자는 모두 처벌했다. 그리고 숙손통을 박사로 임명하고 비단 20필을 상으로 주었다.

숙손통은 아첨했다고 비난하는 유생들에게, "여러분은 모르오. 나는 하마터면 호랑이 입을 벗어나지 못할 뻔했소." 라고 말하고는 고향인 설薛 지방으로 피신했다.

호해가 진승의 봉기를 반란으로 보느냐 군도로 보느냐에 민감한 반응을 보인 것에는 그럴만한 이유가 있었다. 군도는 굶주린 농민이 집단으로 식량을 약탈하는 것으로 식량 획득이 목적이지 결코 권력 쟁취를 하려 하지 않는다. 그러므로 군도는 그 수가 많아도 기존 권력에 큰 위협이 못 된다. 이에 비해 반란은 새로운 왕조 수립을 목표로 하는 나름대로 규율과 이데올로기를 지닌 집단 집단이 일으키는 것이다.

진승 집단의 성격에 대한 유생들의 규정에 호해가 현실 도피적이고 자기 기만적인 반응을 보인 것은 그만큼 자신이 없었기 때문이다.

진승이 왕조를 세웠다는 소식에 전국 곳곳에서 반란이 일어났다. 진에 멸망당한 6국의 옛 왕족과 귀족들이 앞장섰다. 농민 출신인 유방劉邦

도 거병했고 초나라 말기의 명장 항연項燕의 아들 항량項梁도 조카인 항우項羽와 함께 회계會稽에서 군을 일으켰다.

왕이 된 진승은 곧바로 진의 도읍인 함양咸陽 공격을 명했다. 오광은 형양(滎陽, 지금의 하남성 滎陽)으로, 주문周文은 함곡관函谷關으로 진격하였다. 무신武臣과 장이張耳, 진여陳余는 옛 조趙의 땅을 공격하기 위해 나섰다.

그러나 각지에 파견된 장수들이 6국의 귀족 세력과 결탁해 독립하면서 진승의 세력은 약화되었다. 조趙로 파견된 무신武臣은 스스로 조왕趙王이 되었고, 연燕 지역으로 파견된 한광韓廣도 그 지역의 귀족 세력과 결탁해 연왕燕王을 자처했다. 위魏로 파견된 주시周市는 위魏의 왕족인 영릉군寧陵君 위구魏咎를 위왕魏王으로 옹립했다.

반란군이 제각기 자립하여 분열된 가운데, 주문周文이 이끄는 농민군은 함곡관을 넘어 함양 인근의 희(戱, 지금의 섬서성 臨潼) 지역까지 나아갔다. 진秦은 장한章邯의 계책에 따라 여산릉을 건조하는데 동원된 수인囚人 20만 명으로 진압군을 편성해 반격했다. 주문은 패하여 함곡관 밖의 조양(曹陽, 지금의 하남성 靈寶)으로 퇴각하였다. 주문은 조양에서 석달 간 장한이 지휘하는 진나라 군에 맞섰지만 지원을 받지 못해 패배하여, 맹지澠池까지 밀려나 자결했다. 형양 공격에 나섰던 오광도 여러 달 동안 포위하여 공격했지만 성을 함락시키지 못하다가 부하 장수인 전장田臧과 이귀李歸 등에게 살해되었다.

장한은 사마흔司馬欣과 동예董翳의 지원을 받아 장초의 수도 진陳까지 진군했다. 진승은 대군을 이끌고 맞섰으나 패하여 진을 버리고 퇴각하였다. 진승은 성보(城父, 지금의 안휘성 渦陽)에서 자신의 마부馬夫인 장고莊賈에게 살해되었다. 2세 황제 원년 십이월의 일로 거병한지 5개월 만의 일이었다.

그러나 진승의 부하 장수였던 영군寧君과 진가秦嘉는 초나라 왕족인 경구景駒를 가왕假王으로 세웠다. 그러나 항량은 팽성(彭城, 지금의 강소성 徐州)에서 진가秦嘉를 물리치고, 설현(薛縣, 지금의 산동성 滕州)에서 범증范增의 건의에 따라 초나라 회왕(懷王, ?~BC 296)의 후손인 웅심熊心을 초나라 왕으로 옹립했다. 칭호는 역시 회왕이라 했다. 2세 황제 2년(BC. 208) 六月의 일이다. 회왕 웅심은 반진 세력의 맹주로 인정받았다.

【초 회왕은 진의 소양왕과 회담하려 무관(武關, 지금의 섬서성 商州)으로 갔다가 억류되어, 3년 만에 죽었다. 이 때문에 옛 초 지역은 특히 반진反秦 의식이 강했고, 회왕은 진의 계략에 넘어가 멸망한 초의 비극을 상징하는 인물로 여겨졌다. 항량에 의해 회왕으로 옹립된 웅심의 (姓)은 미(芈), 씨(氏)는 웅(熊)이다. 그는 초가 멸망한 이후 양을 키우며 숨어 지냈다.】

항량이 정도定陶에서 장한章邯의 기습을 받아 패사하자, 회왕 웅심은 도읍을 팽성으로 옮기고 송의宋義와 유방劉邦을 중용하여 항우를 견제했다. 진의 도읍인 함양에 먼저 입성하는 자를 관중의 왕으로 삼겠다고 선언했다.

승상 이사는 호해에게 뛰어난 군주는 감독과 책임을 다해야 천하를 안정시킬 수 있다고 간언했다. 그러나 호해는 이사의 아들 이유李由가 군수로 있는 삼천군三川郡에서 반란군이 활동하고 있다는 것만으로 반란군과의 내통을 의심했다. 음모를 통해 황제가 된 호해는 조고만을 믿었다. 조고의 모함에 호해는 결국 이사와 그 삼족을 모두 처형했다. 2세 황제 3년(BC. 207) 二月의 일이었다. - 법가로서 고관대작이 된 자들은 오기·상앙·이사의 예에서 볼 수 있듯이 말로가 비참했다.

조고가 이사를 대신해서 승상이 됨에 따라 반란군을 진압하던 장한,

사마흔, 동예 등 진의 장수들이 잇달아 항우에 투항했다. 반란 진압 실패의 책임을 추궁당할까 두려워한 조고는 2세 황제 3년(BC. 207) 八月 호해를 암살했다. 그리고 부소의 아들 영영嬴嬰을 새로운 군주로 추대했다. 이미 옛 진나라 영토를 제외하고는 모두 반란 세력이 장악한 상태였으므로 군주의 칭호는 왕으로 했다. 황제 칭호 포기는 옛 6국 지역의 반란 진압을 포기한 것이기도 했다.

진왕 영영은 즉시 조고와 그 일족을 주멸했다. 그러나 이듬해인 BC. 206년 十月 유방이 10만 군사를 이끌고 관중 지방에 들어오자 함벽여츤衘璧輿櫬 형식으로 항복했다.

함벽여츤은 항복한 군주가 손을 뒤로 결박짓고 구슬을 입에 물며 관을 짊어지고 가는 항복의식을 말한다. 구슬은 진공進貢을 뜻하고 관을 짊어지고 가는 것은 승자가 죽여도 이의가 없다는 의사 표시이다. 한 마디로 무조건 항복을 뜻한다. 6국이 멸망할 때도 이런 비참한 형식으로 항복한 군주는 없었다. 엄청난 살육을 동반한 침략전으로 6국을 멸했던 진나라의 최후는 이랬다.

6국을 차례로 멸할 정도로 압도적인 무력을 보유했던 진이 군사훈련도 받지 않아 전투력이 취약한 농민반란군에게 이처럼 무기력하게 굴복한 것은 진의 백성이 더 이상 법가의 제민지배 체제를 바라지 않았기 때문이었다. 다시 말해 우리 안의 가축처럼 사는 삶을 더 이상 견디지 못한 진의 백성이 그들이 속한 국가의 존속을 더 이상 바라지 않은 때문이었다.

법가에 입각한 변법으로 진은 중국을 통일했지만 체질개선을 하지 않은 채로 팽창을 중지했다. 그러자 점령당한 6국의 민은 물론 진의 제민도 권력을 저주하게 되었다. 한창 겸병 전쟁을 벌였을 때는 무공에 의한 포상으로 부귀영화를 기대할 수도 있었으나 대외 팽창이 멈추자 오직 감시와 처벌만이 남아 일상이 '생지옥'이 되었다. 절대 권력을 지니게 된 황제에 의해 귀족의 기득권도 불안해졌다. 진 제국은 상하를 막론하고 체제로부터 이반해 결국 자멸했다.

법가의 변법은 전쟁 승리를 위한 전시경제체제를 구축하는 것이었다. 이는 전쟁이 그치고 평화가 오면 전환해야 하는 것인데, 전쟁이 일상이던 시절이 오래 갔으므로 그에 익숙해진 진의 지배층은 평화에 제 때에 적응하지 못하고 전시경제체제를 지속했다.

인적 자원과 물적 자원의 양과 질이 다른 나라에 비해 나은 것이 없는 국가라도 법가식 개혁에 성공하면 강국이 될 수 있다. 역사상 약소국이었다가 강대국이 된 나라는 동서양을 막론하고 대개 법가식 개혁 방식으로 성공했다. 프로이센, 러시아, 일본이 좋은 예이다. 그러나 인간을 수단화하는 법가적 사상 체계는 시간이 지나면 지배층의 판단을 흐리게 하고 지식인을 이반시킨다.

법가식 개혁의 목표는 부국강병 그 자체이지 민의 행복이 아니다. 더 정확히 말해 부국강병을 통한 정복전의 승리로 더 많은 영토와 자원을 획득해 지배층의 이익을 늘리는 것이다. 이 때문에 법가식 개혁에 성공한 나라는 계속 팽창 정책을 추구하다가 더 강한 상대를 만나 국가권력이 와해되는 경우가 많았다. 독일 제2제국과 제3제국 그리고 제국주의 일본의 해체가 좋은 예이다.

20세기에 러시아와 동유럽에 성립한 이른바 '공산주의 체제'도 근대 과학의 외피를 쓴 법가 국가라 할 수 있다. 이는 서양 문명의 역사로 보아 매우 이질적인 것으로 일부 트로츠키주의자들이 규정한 것처럼 '국가자본주의'라 할 수도 있다. 국가와 자본주의의 부정적 측면만 잔뜩 가지고 있던 이 체제는 민심이 이반해 자멸했다. 국가가 바람직하게 유지되려면 올바른 사상이 있어야 함을 진 제국과 공산주의 체제의 멸망에서 알 수 있다.

진 제국의 무기력한 멸망은 춘추전국시대 법가의 궁극적인 실패를 의미했다.

법가는 그들의 사상이 1명의 유능한 군주의 통치보다는 99명의 평범한 능력을 지닌 군주의 통치를 위한 것이라고 주장한다. 한비자는 노자의 '무위無爲의 치治'를 법치로 인해 왕이 가만있어도 제도가 알아서 해주는 것으로 이해하여 도가를 법가에 응용했다.

그러나 실제로 법가의 이상을 제대로 실현하기 위해서는 군주에게 탁월한 역량이 있어야 한다. 법가를 채용하여 부국강병에 성공한 춘추전국시대의 군주는 모두 뛰어난 역량을 지녔다. 최고 권력자는 엄청난 지력을 보유하고 놀라운 용의주도함과 추진력까지 갖추어야 한다. 이는 군주 일인이 광대한 제국을 지탱하는 관료와 백성들을 통제하고 제어할 것을 요구했기 때문이다.

춘추전국시대의 법가는 군주가 권력을 독점하고 관료와 민을 통제하는 방법론에 집중한 나머지 정작 군주가 권력을 적절하게 행사할 능력이 없는 경우에 대한 고려가 없었다. 그도 그럴 것이 법가가 빛을 본 것은 그들의 능력을 알아보고 채용하여 그들이 고안한 부국강병책을 시행한 군주가 다수 있었기 때문이다. 이는 안목이 있고 실천력 있는 유능한 군주나 할 수 있는 일이었다. 무능한 군주를 섬겨본 적이 없던 춘추전국시대의 법가가 무능한 군주의 출현에 대비하지 못한 것은 무리가 아니었다.

무능한 군주를 위한 제도적 장치를 제대로 세우지 못한 것이 춘추전국시대 법가의 한계였다. 무능한 군주가 전제권력을 행사할 경우 대개 측근이 대행하게 되는데, 측근이 유능하면 찬탈의 가능성이 커지고 무능하면 국가가 위태로워진다. 시황제 사후 권력욕은 충만하나 별다른 재능이 없었던 막내아들 호해가 제위를 계승하자 진 제국은 속수무책으로 무너졌다.

춘추전국시대 법가의 또 다른 한계는 독서인 통제술이 미흡한 것이었다. 시황제의 분서갱유는 이를 잘 보여주는데, 진 제국에 최초로 일대 타격을 가한 농민반란인 진승의 난에 공자의 8대손 공부가 가담할 정도로 독서인의 이반은 심각했다. 지식인의 대거 이반은 권력이 유효한 정책을 입안하고 실행할 능력을 잃는 것을 의미한다.

★동양의 군주독재 비판★

페르시아 아케메네스 왕조의 정치체제논쟁

　흔히 세계사에서 민주주의는 그리스에서 싹튼 것으로 알려지고 있으며, 민주정, 군주정, 과두정 등 다양한 정치 체제에 대한 논의도 그리스인이 최초로 한 것으로 알려져 있다. 근대 민주주의도 서유럽에서 기원한데다가 동양에서는 군주정이 지속되었으므로 동양인은 비민주적이고 권위적인 전통만 있다는 오해가 널리 퍼져있다. 사실 제자백가에서 군주정을 비판하는 견해는 찾기 힘들다. 명나라 말의 유신遺臣 황종희黃宗羲가 그의 저서 『명이대방록明夷待訪錄』에서 군주의 존재에 회의를 드러냈으나 그 이상의 견해는 말하지 않았다. 그러나 기록이 부족할 뿐이지 동양에서도 정치체제에 대한 심각한 논의가 있었다.

　아케메네스 왕조의 페르시아 제국 황제 캄비세스 2세가 이집트 원정 중에 마고스(고대 페르시아 제국의 사제 계급)들이 반란을 일으켰다. 캄비세스 2세는 귀국하다가 급사했고 마고스들이 집권했다. 이에 왕족과 귀족들이 궐기하여 마고스들을 처단하고 여러 부족의 반란을 진압하여 제국을 안정시켰다. B. C. 522년의 일이다. 제국 부흥의 공로자들은 어떠한 정체(政體)를 채택할 것인가를 놓고 토론하였다.

　헤로도토스의 명저 『역사』에서는 토론의 모습과 내용이 상세히 기술되어 있다. 헤로도토스는 "회합장소에서 논의되었던 여러 가지 사항을 많은 그리스인은 믿기 어려운 것으로 여기지만, 그러한 논의는 확실히 있었다." 라고 하였다.

이 토론에서 군주정에 대한 비판은 호해의 행태에 꼭 들어맞는다. 다음은 토론 내용이다.

오타네스는 인민이 국정을 맡아야 한다고 주장하며 다음과 같이 말했다.

> 일인 통치는 좋은 일도 유쾌한 일도 아니기 때문에, 이제는 그러한 일이 있어서는 안 된다는 것이 내 의견이오. 여러분은 캄비세스 2세가 얼마나 폭정을 했는지 잊을 수 없을 것이며, 또 마고스의 폭정도 몸소 체험했소.
> 어떤 책임도 지지 않고 하고 싶은 대로 행하는 것이 가능한 군주정이 어떻게 질서 있는 제도가 될 수 있겠소? 이러한 정체에 있어서는 이 세상에서 가장 뛰어난 인물이라도 일단 군주의 자리에 앉으면 예전의 심정을 잃게 되오. 군주정의 전형적인 악덕은 질투심과 자만심이오. 질투심은 천성적인 인간의 약점이며, 자만심은 현재의 부귀영화에 의해 그가 자신을 다른 사람보다 뛰어난 인간으로 착각하는데서 생겨납니다. 그리고 이 두 가지 악덕은 모든 악의 근원이오. 그리하여 야만적인 행위와 무자비한 폭력을 불러일으키게 마련이오.
> 본래 군주는 그가 원하는 것은 무엇이든 마음대로 할 수 있기 때문에 질투심이라는 것이 없어야 하지만, 실제로 그의 인민에 대한 태도는 그 반대요. 그는 자신의 신하 중 가장 덕망있는 자를 질투하며 죽기를 바라오. 반면에 가장 비열하고 저열한 자들을 총애하여 그들의 중상모략에 귀를 기울입니다. 이 세상에 군주만큼 변덕스러운 자는 없소. 적당히 칭송하면 그것으로는 부족하다고 화를 내고, 지나치게 받들면 아첨꾼이라고 성을 내오. 그러나 가장 나쁜 것은 법을 무시하고, 재판 없이 사람을 죽이며 여자를 강제로 범하는 것이오.

이에 비해 다수의 통치는, 먼저 첫 번째로 모든 사람은 동등한 권리를 가진다는 세상에서도 아름다운 명분을 갖고 있고, 두 번째는 군주정에서 일어나기 쉬운 나쁜 일이 일어나지 않소. 관리들은 추첨에 의해 선출되고 책임지고 직무에 수행하며 모든 국가 정책은 공론에 의해 결정되오. 그러므로 나는 군주정을 폐지하고 인민 주권을 확립해야 한다고 제안하오. 인민이 전부이기 때문이오.

오타네스가 이러한 의견을 제시한데 대하여 메가비조스는 과두정체의 실시가 바람직하다고 하면서 이렇게 말했다.

오타네스가 군주정을 폐지해야 한다고 말한 데 대해서는 전적으로 동의하지만, 주권을 민중에게 맡겨야 한다는 견해는 최선이 아니라고 생각하오. 민중처럼 지각없고 변덕스러우며 통제하기 어려운 존재는 없소. 독재자의 변덕을 피하려다 무례한 폭민(暴民)에 여러분을 내맡길 생각을 하지는 말아야 하오.
독재자는 최소한 일을 행하는 데 있어 무엇을 하는 지나 알고 하지만, 민중의 경우는 전혀 그렇지 않소. 본래 무엇이 옳고 정당한지 지각할 능력이 없는, 배우지 못한 자들이 어찌 자신들이 무엇을 하는 지나 알겠소? 그들은 마치 물이 세차게 흐르는 강처럼 생각도 없이 덮어놓고 국사를 추진하여 모든 것을 엉망으로 만들뿐이오. 페르시아의 적들이나 민주정치를 하라고 하시오.
우리는 국민들 중 가장 뛰어난 인재들을 선발하여 이들에게 정부를 맡깁시다. 우리들 자신도 그 속에 들어갈 것이고, 가장 뛰어난 자들에게 권력이 주어져야 가장 뛰어난 정책이 나올 것이오.

메가비조스가 이러한 의견을 개진하자 다리우스가 앞으로 나와 다음과 같이 말했다.

나는 메가비조스가 민주정에 대해서 말한 것은 옳다고 생각하지만, 과두 정치에 대한 발언은 올바르다고 않소. 여기서 제기되고 있는 3가지 형태의 정부 – 민주정, 과두제, 군주정이 각각 최선의 상태로 실행되고 있다고 가정할 경우, 나는 군주정이 다른 두 제도보다 훨씬 우월하다고 단언하오. 가장 뛰어난 한 사람에 의한 통치체제보다 더 나은 체제가 있을 수 있소?

그러한 인물은 그의 탁월한 식견을 발휘하여 민중이 만족하도록 통치합니다. 또한 적에 대한 정책도 어떠한 체제하에서 보다 그 비밀이 가장 잘 유지될 것이오. 반대로 과두정에 있어서는 공익을 위해 공적을 쌓으려 애쓰는 사람들 사이에 격심한 적대관계가 생기기 쉽고, 누구나 자기가 우두머리가 되어 자신의 정책을 실시하려 하니, 격렬한 다툼이 생겨 공공연한 내분으로 발전해 종종 유혈극으로 끝납니다. 그리하여 군주정으로 가게 됩니다. 이렇게 볼 때 군주정이 최선의 것이라는 것을 알 수 있습니다.

한편 민주정의 경우에는 악이 만연하는 것은 피할 수 없습니다. 공적인 일에 악이 만연할 때에는 악인들 사이에 적대관계가 아니라 오히려 강고한 우애감이 생기는데, 이는 그들이 한통속이 되어야 못된 짓을 계속할 수 있기 때문입니다. 그리하여 결국 누군가가 공익의 옹호자로 나와 악인들을 제압하게 됩니다. 그 결과는 이러한 위대한 공적을 세운 사람이 국민의 찬양을 받게 되고, 결국은 군주로 추대됩니다. 이렇게 볼 때 군주정이 최고의 정체라는 것이 명백합니다.

마지막으로 한마디로 말하면, 현재 우리가 누리는 자유는 도대체 어디에서 얻은 것인가? – 그것은 민주정에 의해서인가, 혹은 과두정에 의해서였는가, 그렇지 않으면 군주에 의해서인가? 우리는 오직 한 인물이 우리에게 자유를 찾아 주었기 때문에(역주 : 키루스 2세가 메디아에 복속되었던 페르시아를 독립시키고 제국으로 발전시킨 것을 말함) 일인 통치제(군주정)를 고수해야 한다는 것이 나의 결론입니다. 그러한 이유가 아니더라도 우리 조상들이 잘 운영한 국가체제를 변경해서는 안 됩니다. 체제를 바꾸면 재앙이 올 겁니다.

위와 같은 세 가지 의견이 나왔는데, 의견을 내놓지 않은 네 명은 다리우스의 주장에 찬성했다. 페르시아에 민주정을 수립시키고 싶었던 오타네스는 자신의 주장이 관철되지 않자 다시 일어나 일동에게 말했다.

동지 여러분, 이렇게 된 이상 추첨에 의해서 정하든, 페르시아 국민들로 하여금 선택하게 하든, 아니면 그 밖의 다른 방법으로 하든, 우리들 중 한 사람이 왕이 될 수밖에 없소. 그러나 나는 다른 사람을 지배하기도, 다른 사람에게 지배받기도 싫기 때문에 왕위 경쟁에 나서지 않겠소. 나는 물러나나 한 가지 조건이 있소. 그것은 나는 물론 내 자손 대대로 그대들 가운데 어느 누구의 지배도 받지 않겠다는 것이오.

이러한 오타네스의 발언에 대해 다른 6인이 그 조건을 수락하여, 오타네스는 왕위 계승 경쟁에서 물러나 국외자의 입장에 서게 되었다.

청나라 창업 군주 누르하치의 정치체제론

청을 건국한 누르하치도 군주독재에 회의했다.
천명 7년(1622) 3월에 누르하치는 자신의 사후 국정운영을 8왕 합의제(八王合議制)로 할 것을 공표했다. 8왕은 각 기의 통솔자인 버일러를 말한다. 주된 내용은 한(汗)의 즉위와 폐위, 군정(軍政), 재판권, 관리의 임용과 상벌, 팔기 사이의 분쟁, 권력의 균분 등을 8왕이 합의로 결정하도록 한 것이다.

나를 이어 군주가 될 사람은 세력이 강한 사람이어서는 안 된다. 이런 사람이 한 번 나라의 임금이 되면 강한 세력을 믿고 하늘에 죄를 짓게 된다. 또 한 사람의 식견이 여러 사람의 지혜에 미칠 수 있겠는가. 너희 8인은 8쿠사 왕이니 힘을 합해 나라를 주간해 실정(失政)이 없게 하라. 8쿠사 왕, 너희 가운데 재덕이 있고 간(諫)함을 받아들일 수 있는 자가 나를 이어 즉위할 수 있을 것이다. 만약 간함을 받아들이지 않고 도에 따르지 않거든 다시 유덕한 자를 뽑아서 즉위하게 함이 옳다.

이처럼 누르하치는 장자 상속권을 인정하지 않았다. 특히 한의 행위가 국가의 이익에 위배될 경우에는 언제라도 버일러들이 합의해 교체할 수 있도록 한 것이 인상적이다.

누르하치 치세는 8기를 근간으로 하는 연합정권이라 할 수 있는데, 그는 한이 절대 권력을 누리는 것이 국익에 도움이 되지 않는 것으로 생각하고 과두정치를 이상적으로 본 것이다. 중국사에 정통한 그가 얻은 결론은 군주의 독선과 오만이 나라를 망친다는 것으로 이를 두려워해 연정(聯政)을 선호했다.

사망하기 얼마 전인 천명 11년(1626) 6월 누르하치는 다음과 같이 훈시해 연정체제를 또 다시 강조했다.

재물이 있으면 8가(八家)에서 고루 나누어 공용으로 쓰되 분수를 넘어 사사로이 쓰면 안 된다. 군중에 부획(俘獲)한 물건은 숨기지 말고 백성에게 나누어주고, 마땅히 의리를 중히 여기고 재물을 가볍게 생각함이 옳다. 너희들 8쿠사는 나를 계승한 뒤에 법도를 엄하게 하고 신상필벌 해야 한다.

청 태조 누르하치는 군주의 독재를 두려워해 과두정을 희망했으나 절박한 현실은 그러한 이상론을 허용하지 않았다. 명과 총력전을 펴야 하는 당시 상황에서 강력한 집권정부의 출현이 절실히 요구되었다. 뒤를 이은 청 태종 홍타이지가 군주독재 체제를 구현했다.

*　　*　　*

한 제국의 성립

유방은 함양으로 들어가 궁실과 재물이 가득한 창고를 봉인하고 항우를 기다렸다. 유방은 엄혹한 진나라의 번잡한 법률을 폐지하고 사람을 죽인 경우, 상해를 입힌 경우, 절도한 경우 등 3가지만 처벌한다는 법삼장法三章을 선언했다. 이에 진의 백성은 유방을 해방자로 여겼다.

한 달여가 지나 항우가 40만 대군을 이끌고 함양에 들어왔다. 항우는 항복한 진왕 영영과 진의 왕족을 모두 죽이고 아방궁을 비롯한 궁실도 모두 불태우며 학살과 약탈을 자행했다.

진 멸망 후 실력자인 항우가 새로이 세력 판도를 정했다. 거병 시 추대한 초나라 회왕懷王을 의제義帝라 하고 스스로 서초패왕西楚霸王이라 칭했다. 그리고 옛 6국의 왕족, 진의 투항 장군, 공을 세운 장군들 18인을 왕으로 봉했다. 유방은 한왕漢王에 봉했다.

BC. 205년 十月 항우가 초 의제를 시해하자 유방과 항우의 쟁패가 시작되었다. 초기에는 항우가 압도적으로 우세했으나 폭정으로 민심을 잃어만 갔다. BC. 202년 유방이 해하의 전투에서 항우를 패사시키고 중국을 통일했다. 유방은 뭇 신하와 여러 왕의 추대를 받아 황제 자리에 올랐다. 그의 묘호는 고조高祖이다.

진을 떠난 숙손통은 항우를 섬기게 되었는데, BC. 205년 유방이 항우의 도읍인 팽성彭城을 점령한 이후 박사가 되어 유방을 섬겼다.

숙손통을 따르는 제자가 100명이 넘었는데 제자들을 벼슬자리에 천거하지 않고 산적 출신 가운데 장사壯士만 유방에게 천거했다. 제자들이 불평하자 숙손통은 다음과 같이 설득했다.

漢王은 지금 화살과 돌을 무릅쓰고 천하를 다투고 있는데, 그대들은 싸울 수 있는가?
그래서 우선 적장을 베고 적의 깃발을 빼앗을 수 있는 사람을 천거한 것이다. 그대들은 잠시 기다리라. 내 그대들을 잊지 않을 것이다.

한 고조 유방은 처음에는 항우처럼 유가를 멸시했다. 젊은 시절 동네 건달이었던 유방은 번잡한 예의범절을 중시하는 유가를 생리적으로 싫어했다. 그러나 곧 황제 지배 체제를 유지하는 데 필수불가결한 존재임을 인식했다.
황제가 되었으나 공신과의 술자리가 언제나 산적 노릇하던 때와 비슷하게 위아래도 없는 난장판으로 끝나니 유방은 근심했다. 이에 숙손통이 의례 제정을 건의했다. 의례는 군신 간의 상하 구분을 엄격히 하는 데 필수불가결한 것인데 유방은 이를 몰랐다.

숙손통 : 무릇 유자들은 함께 천하를 진취하기는 어렵지만 수성守成하기에는 적합합니다. 노나라의 유생들을 불러들여 신의 제자들과 함께 조정의 의례를 정하게 해주십시오.
유방 : 어렵지 않겠소?
숙손통 : 오제五帝는 음악을 달리하였고 삼왕(三王 : 하 우왕·은 탕왕·주무왕)은 예법을 달리 하였습니다.
예법은 시대와 인정에 따라 간략하게도, 꾸미기도 하는 것입

니다. 그러므로 (공자께서) 하·은·주의 예는 이전의 예를 따르면서 줄이고 보충한 것임을 알 수 있다고 한 것은 고금의 예법이 서로 중복 되지 않았음을 말하는 것입니다.
원컨대 고대의 예에 진나라의 의법儀法을 합하여 한나라의 예를 만들고자 합니다.

유방 : 시험 삼아 만들어보시오. 그러나 사람들이 이해하기 쉽게 하고, 내가 실행할 수 있도록 염두하고 만드시오.

　숙손통은 스스로 모집한 유생 30여 명, 제자 100여 명과 더불어 한 달여 동안 예식을 강습했다. 유방은 뭇 신하들에게 예식을 익히도록 했다. BC 200년 장락궁長樂宮에서 열린 신년 조회에서 백관이 유방에게 하례했는데 모두가 엄숙하게 예를 지켰다. 법주(法酒 : 조정의 정식 연회)에서도 예를 어기는 신하가 없었다. 이에 유방은 "나는 오늘에야 비로서 황제가 존귀함을 알았다"고 감탄했다. 유방은 숙손통을 봉상(奉常 : 종묘의례를 관장하는 벼슬)에 임명했다.
　유방 정권은 핵심 인사들의 출신이나 경력으로 볼 때 인류 역사상 최초의 '프롤레타리아 정권' 또는 '쌍놈 정권'이라 할 수 있다. 한 제국 이후 중국은 주기적으로 분열과 통일을 반복했는데, 프롤레타리아 속성을 지닌 창업 군주에 의한 중국 통일은 흔한 일이었다. 프롤레타리아 성격을 빨리 벗어나야 정권의 장기존속이 가능한데 제자백가 가운데 이 일을 할 수 있는 능력을 보유한 학파는 유가가 유일했다. 중국사에서 이를 이해하지 못한 정권은 단명했다. 유가가 전근대 중국사회에서 2천 년간 사회의 지도 원리로 군림한 데에는 그만한 이유가 있었던 것이다. 변형된 형태의 왕조인 중국 공산당도 요즈음은 이를 이해하여 공자 추앙에 열성이다.

대부분의 사람은 그 속성 상 품위 없는 상스런 자의 지배를 불쾌히 여긴다. 참기 어려운 모욕과 수치심을 느끼기 때문이다.

전두환은 프롤레타리아적 성품을 탈피하지 못한 것이 몰락의 주요 사유였다. - 전두환은 1988년 11월 백담사로 유배가면서 발표한 대 국민 사과 성명에서 자신이 어렸을 때에 '움막집 아이'로 불렸다고 말해 프롤레타리아 출신임을 고백했다. 전두환 정권이 정권의 국정운영 평가 기준 가운데 가장 중요한 경제적 업적을 성취했음에도 불구하고 국민은 대부분 전두환 정권을 거부했다. 1년 365일 하루도 빠지지 않고 TV에 나와 불상놈 티를 내어 시청자에게 고통을 주었다.

품위와 교양의 표현인 에티켓을 중시하지 않는 인간사회는 없는데, 특히 지배층과 상류층이 중시한다. 지배층이 품위와 교양이 있어야 민이 지발적으로 따르기 때문이다. 민주주의를 내거는 사회에서도 정권이 품위가 있어야 국민이 순응하며 상류층도 품위가 있어야 진정한 상류층으로 인정받는다.

한 고조 유방에게는 적장자인 태자 유영劉盈을 포함하여 아들이 모두 여덟이었다. 이 가운데 황후 여치呂雉가 낳은 아들은 유영이 유일했다. 유영은 사람이 어질고 유약하여 유방은 그가 사직을 지키지 못할까 우려했다. 유방은 자신과 닮은 척희戚姬 소생의 3子 유여의劉如意를 태자로 세우려 했다.

대신들이 만류했으나 유방은 늘 태자를 교체하려는 마음을 품었다. 이에 여 황후는 장량張良과 상의했다. 장량은 천하의 명사 4인 – 동원공東園公, 녹리선생甪里先生, 기리계綺里季, 하황공夏黃公을 태자의 빈객으로 맞이하라고 권유했다.

【甪(록)과 角(각)은 자형이 비슷해 오해하기 쉽다.】

일찍이 유방은 이 명사 4인에게 높은 벼슬을 주려 했으나 이들은 거부하고 은거했다. 여 황후는 태자의 친필 편지를 보내는 등 극진한 예를 베풀어 이들을 태자의 빈객으로 끌어들였다.

　BC. 196년 회남왕淮南王 영포英布의 반란을 진압하고 돌아온 유방은 건강이 나쁜데다가 전상마저 입어 오래 살지 못할 줄 알고 태자를 교체하려 했다. 장량의 만류에도 듣지 않았다. 이에 태자태부(太子太傅 : 태자의 스승) 숙손통이 나서서 강력 반대했다.

숙손통: 옛날에 진晉의 헌공獻公이 총애하던 여희驪姬 때문에 태자를 폐하고 해제奚齊를 태자로 세웠습니다. 이 때문에 진나라는 수십 년 동안 혼란스러웠으며 천하의 웃음 거리가 되었습니다. 진秦은 부소를 일찍이 태자로 정하지 않았기 때문에 조고로 하여금 황제의 명을 사칭하여 호해를 태자로 세우게끔 하였습니다. 이 때문에 스스로 선조의 제사를 끊어지게 하였으니, 이는 폐하께서 친히 보신 것입니다.
지금 태자의 어질고 효성스러움을 천하 사람들이 다 알고 있습니다.
그리고 여후께서는 폐하와 함께 보잘것없는 음식을 드시며 고생 하셨는데, 어찌 버릴 수 있겠습니까? 만약 폐하께서 굳이 적자를 폐하고 어린 여의를 세우려 한다면 신은 먼저 죽음을 청하여 저의 목에서 나오는 피로 이 땅을 더럽히겠습니다.

유방: 공은 그만하시오. 내가 농담한 것뿐이오.

숙손통: 태자는 천하의 근본으로 근본이 한번 흔들리면 천하가 진동 합니다. 그런데 어떻게 천하의 큰일을 가지고 농담 하실 수 있습니까?

유방 : 나는 공의 말을 따르겠소.

그래도 유방은 태자를 교체하려는 마음을 버리지 않았다. 주연에서 태자를 시종하는 4인이 나이가 80이 넘어 백발에 눈썹마저 희었는데 의관衣冠이 몹시 위엄이 있었다. 유방이 괴이하게 여겨 "그대들은 무엇하는 사람들이오?"라고 물으니 4인이 성명을 밝혔다. 유방이 크게 놀라 물었다.

> 내가 공들을 여러 해 동안 보려 했는데, 공들은 나를 피해 모습을 감추었소. 지금 공들은 어찌하여 내 아이를 따라 교류하는 거요?

명사 4인이 대답했다.

> 폐하께서는 선비(유가 지식인)를 가벼이 여기고 꾸짖기를 잘 해 신들은 의를 지키는 자로서 모욕을 받을 수 없다고 여겨 은거한 것입니다. 태자께서는 어질고 효성이 깊으며 선비를 공경하고 아껴 천하 사람들이 태자를 위해서라면 죽어도 좋다고 하지 않는 사람이 없다고 들어 신들이 온 것입니다.

현명한 유방은 숙손통을 통해 유가의 지지 없이는 권력 유지가 불가능하다는 것과 품위의 중요성을 깨달았다. 품격의 대명사인 이름난 유가 4인이 태자를 따르는 것을 보고 유방은 마음을 바꾸었다. 그는 척부인에게 말했다.

> 내가 태자를 바꾸려 했으나 저 네 사람이 태자를 보필하고 있구려. 날개가 이미 충분히 자란 것이니 움직이기 어렵소. 여씨의 아들이 임금이 될 수밖에 없소.

한 제국 초기의 황로 정치

한나라 초기의 지도적인 정치 이념은 황로黃老 사상으로 이에 기반하여 국정이 운영되었다.

황로는 전설상의 제왕 황제黃帝와 도가 사상의 개조로 일컬어지는 노자老子를 연계시킨 명칭으로 도가 사상의 한 유파이다. 황로 사상은 기본적인 법에 따라 행하는 단순하고 간소한 정치를 주장하여 청정무위(淸淨無爲 : 마음을 비우고 순리에 따름)와 여민휴식與民休息을 구호로 내걸었다.

진나라의 가혹한 법가 통치에 고통 받던 민중은 황로 정치를 환영했다. 한 제국을 건설한 유방이 황로 정치를 채택한 이유는 오랜 전란으로 농촌 경제가 파탄 지경이었고 행정력도 약화되어 법가 정치를 구현하기 어려웠던 상황과 관련이 있다. 그러나 법가 정치의 한계를 정확히 인식한 것이 근본적인 이유였다.

한의 2대 황제인 혜제(惠帝, 재위 BC 195~BC 188) 유영劉盈의 재위 시에 소하(蕭何, ?~ BC 193)의 뒤를 이어 상국(相國 : 승상)이 된 조참曹參이 대표적인 황로 사상의 신봉자였다. 혜제에게 새로이 정책을 펼 필요가 없다고 설득하는 조참의 말에서 이것이 잘 드러난다.

조참 : 폐하께서 스스로 살피기에 고황제(高皇帝 : 유방)와 비교하여

성무(聖武 : 지혜로움과 무공)가 어떠합니까?
「陛下自察聖武孰與高帝?」
혜제 : 짐이 감히 어떻게 선황제를 따를 수 있겠소!
「朕乃安敢望先帝乎!」
조참 : 폐하가 보시기에 신은 소하보다 지혜롭습니까?
「陛下觀臣能孰與蕭何賢?」
혜제 : 그대가 못한 것 같소. 「君似不及也.」
조참 : 폐하의 말씀이 옳습니다.
고황제는 소하와 더불어 천하를 안정시켰습니다. 법령이 이미 밝게 행해지고 있습니다. 지금 폐하께서 아무 일도 하지 않고 저희 신하들은 (별다른 정책을 펴지 않고) 직분만 행하여 (고황제 때의 성과를) 잃지 않는 것이 옳지 않겠습니까?
「陛下言之是也. 且高帝與蕭何定天下. 法令既明. 今陛下垂拱, 參等守職, 遵而勿失, 不亦可乎?」
혜제 : 옳소. 그대는 가만히 있구려. 「善. 君休矣.」

사마천은 조참의 정치를 다음과 같이 호평하였다.

조참 상국이 공성攻城과 야전野戰의 공이 많음은 회음후淮陰侯 한신韓信과 같다. 그런데 한신이 멸망한 후에 열후에 봉해진 공신 중에서 유독 조참만이 그 이름을 빛냈다. 조참이 한나라의 상국이 되자 시행했던 그의 청정무위淸淨無爲는 도가의 원칙과 가장 부합된다고 하겠다. 더욱이 백성들이 진나라의 가혹한 통치를 받은 후, 조참이 그들에게 무위이치無爲而治로 휴식하게 하자, 천하 사람들이 모두 조참의 공덕을 칭송하였다.

권력을 휘둘렀던 유방의 황후인 여呂 태후와 한 문제(文帝, 재위 BC 180~BC 157)의 황후였던 두竇 태후도 황로술의 신봉자였다. 『노자』를 즐겨 읽었던 두 태후는 아들인 경제(景帝, 재위 157 BC ~ 141 BC) 치세에는 물론 손자인 한 무제 치세 초에도 강력한 영향력을 행사했다.

한 제국은 '무위의 치'로 요약되는 이른바 황로黃老 사상에 따라 경제에서 자유방임을 택했다.

한 제국 성립 시에는 오랜 전란으로 상업과 농경이 부진해 민이 빈곤에 시달렸고 국가재정도 엉망이었다. 그러나 전란 없이 60여 년이 지나자 국부가 흘러 넘쳤다.

부세와 형벌을 감면하고 농경을 장려하고 절검을 강조한 문제와 경제는 놀라운 성과를 거두니 후세에 이를 일컬어 문경지치(文景之治 : 문제와 경제의 통치)라 하며 이상적 통치로 보았다.

법가를 신봉하는 자들은 대개 국가권력의 한계를 모르는 권력 만능주의자이다. 이들은 민의 자율성과 능력을 인정하지 않는다. (볼셰비키처럼) 모든 권력을 독점하는 대신 민에게 의식주를 해결해주겠다고 한다. 그러나 일시적이면 몰라도 장기간 국가권력이 민의 생계를 완전히 보장해준다는 것은 불가능하다. 민의 봉기로 진 제국이 무너지는 것을 목도한 유방은 국가권력의 한계를 알고 경제적 방임주의를 택했다. 이것이 효과를 본 것이다.

한 무제의 양유음법 陽儒陰法

BC 141년 정월 한 제국의 6대 황제인 경제가 사망해 그의 아홉째 아들인 태자 유철劉徹이 즉위했다. 그의 시호는 무제(武帝, 재위 BC 141~BC 87)이므로 흔히 한 무제라 부른다.

춘추전국시대 이후 적임자를 관료로 임용하는 일이 군주의 주요 과제가 되었다. 오로지 신분승상, 입신양명만을 목적으로 재능과 언변에 의지하여 벼슬하려는 독서인들을 적절히 선별하지 못하면 국가운영에 심각한 문제가 생기기 때문이다. 【제자백가는 현능을 강조했을 뿐 뚜렷하게 관료 선발 방안을 제시하지 않았다.】

주지하다시피 과거제는 수나라에서 시작되고 당나라에서 본격적으로 실시했다. 과거제가 없었던 한 제국은 현직 또는 퇴직 관료의 자제, 그리고 재산이 많은 자의 자제 가운데에서 선거(選擧 : 관리 선발)했다. 【선거는 직역하면 (인재를) 가려 뽑아[選] 추천[擧]한다는 의미이다.】

이외에 재능 있는 자를 추천하여 선거하는 제도가 있었는데, 한 문제는 현량賢良 방정(方正 : 행동이 바르고 점잖음)하고 직언直言하는 선비를 추천하라고 조칙을 내리기도 했다.

한 무제는 즉위 초인 건원建元 원년(BC 140) 유능한 자를 추천하라는 조칙을 내렸다. 이때 승상 위관衛綰은 신불해·상앙·한비 등 법가의 학을 배운 자와 소진蘇秦·장의張儀 등 종횡가의 변설을 배운 자는 국정을 어지럽히므로 추천해서는 안 된다고 상주했고 무제는 이를 받아들였다. 건원 5년(BC 136)에는 오경박사五經博士를 두었다. 즉 유교의 고전인 오경(五經 : 『시경』『서경』 『역경』『춘추『예기』)의 각 경전에 전문적인 박사를 두어 그들에게 경전을 강의하도록 했다.

이런 조치를 보면 무제 시대에는 유교가 국교(國敎 : 국가의 지배 이데올로기)가 된 것 같지만 실제로 그렇지는 않았다. 무제는 동중서董仲舒 등 저명한 유가와의 토론에서 이들이 고대에 관한 지식은 풍부하지만 현세의 문제에는 너무나 무기력한 것을 절감했다. 당시 유가들은 공자가 우려하던 비현실적인 학문 연구에 몰두하고 형이상학에 침잠했다. 거대한 제국을 운영하는 데 도움이 되는 것은 요순시대를 찬양하는 유가 관료가 아니라 유능한 실무 관료였다. 이에 알맞은 자들은 법가였다.

BC. 206년 유방은 진의 수도 함양을 점령하고 이른바 약법삼장約法三章을 제시했다.

진나라의 잔혹한 법 때문에 고생이 많았소. 오늘 나는 여러분에게 세 가지를 약속하오.
첫째, 사람들을 죽인 자는 살려두지 않고 죽이겠소.
둘째, 다른 사람을 때려 상하게 만든 자는 죄로 다스리겠소.
셋째, 남의 물건을 도적질한 자도 죄로 다스리겠소.
이 세 가지를 제외한 다른 법률과 금령은 다 철폐하오. 그러면 여러분은 편안히 살 수 있을 것이오.

이 약법삼장의 일화 때문에 사람들은 한 제국이 법가에 입각한 진의 번잡한 법령을 폐기한 것으로 오해하는 일이 많다. 그러나 중국을 통일한 한 제국은 황제 제도, 법률 규정, 십오什伍 단위의 감시 제도 등 진의 정치제도를 거의 모두 복원했다. 이른바 한승진제(漢承秦制 : 한은 진의 제도를 이었다)는 역사가들이 동의하는 사실이다. 단지 한 제국은 법 집행에서 느슨했을 뿐이다.

【왕조의 개창자가 이상사회를 건설하겠다는 꿈을 지니지 않을 경우, 왕조가 영구히 존속하여 자손의 부귀영화가 그치지 않을 것을 기대하는 것 이상의 목표를 두기 어렵다. 그리고 이런 목표도 달성하기는 어렵다. 창업군주가 지각이 있는 경우, 민에 대한 착취가 지나치면 왕조가 오래 갈 수 없음을 알고 덕정德政을 표방한다.

이상주의에 감화된 군주라 하더라도 힘만 세면 누구나 군주가 될 수 있다는 풍조가 만연하는 세상에서 신하를 의심하고 왕가의 안녕을 위해서도 술수에 의존하게 된다. 역대 중국 왕조는 법가적 술수나 제도를 포기할 수 없었다.】

역대 중국에서 관리들은 법 집행을 느슨히 하고 융통성이 있는 순리循吏와 사정을 보지 않고 법령을 엄격히 집행하는 혹리酷吏로 나눌 수 있는데, 한 무제 시대에는 황제의 명령을 받들고 법령을 충실히 수행하는 혹리가 각광을 받았다.

한 무제의 통치는 시황제의 통치와 비슷한 점이 많았지만 그는 유교적 치장의 중요성을 잘 알았다. 무제 치세에 이르러 유교는 황제의 절대권력을 합리화하는 어용 이데올로기 색채가 짙어졌다.

유교를 국교로 내세웠으나 실제로는 법가적인 체제를 유지하는 국정 운영을 외유내법外儒內法 또는 양유음법陽儒陰法이라 하는데, 이유식법(以儒飾法 : 유가로써 법가를 분식)으로 표현하기도 한다.

법가 사상 자체는 스킬(skill)에 불과한 면이 많으므로 다른 사상과 얼마든지 공존할 수 있음을 유의해야 한다. 근대 자본주의나 공산주의와도, 시장경제체제와도 공존이 가능하다. 진 이후의 왕조들은 법가 자체는 패도覇道라 하여 공식적으로 금지하면서도, 법률과 관료체제 자체는 법가에 준해서 만들었고, 국가 통치이념과 법의 적용에 대해서는 유가나 도가의 사상을 받아들여서 구체적 법적조치에 경중과 가감을 두었다. 이렇게 하면 체계적인 국가체제를 만들 수 있으면서 법이 규정하지 않은 일이 발생해도 유연하게 대처할 수 있기 때문에 엄격한 법규에 지친 민심도 다독일 수 있었다.

순수한 법가는 진 왕조와 함께 소멸되었다고 할 수 있으나 법가 사상은 유가에도 그리고 현대의 조직론이나 리더쉽 등에도 쓸 수 있는 만능의 테크닉으로 살아남았다.

★ 이상적인 목민관 ★

　순리와 혹리라는 표현에서 알 수 있듯이 중국사회는 법 집행 방식의 차이로 관리를 구분했다. 이는 중국이 그 방대하고 엄밀한 법 규정에도 불구하고 법치 사회가 아니라 인치 사회임을 잘 보여준다. 즉 법가 사회는 본질적으로 인치이다.
　리吏의 뜻을 살펴볼 필요가 있다. 관리官吏라고 연칭連稱하지만 관官과 리吏는 차이가 있다.
　리는 행정실무를 맡는 직급이 낮은 벼슬아치로 조선에서는 아전衙前이라 했다. 아전은 정청(正廳 : 군수·현령 등 지방수령이 근무하는 곳) 앞에 그들이 근무하는 청사가 있었기 때문에 생긴 이름이다.[아衙) 관청이란 뜻이니 衙前은 직역하면 '관청 앞'이 된다.]
　정청 앞에 있는 이방청吏房廳을 비롯한 육방청六房廳이 외아전의 주 근무처였다. 아전은 일명 이서吏胥라고도 했다.
　아전은 크게 서울에서 근무하는 경아전京衙前과 지방에서 근무하는 외아전外衙前으로 구분할 수 있다.
　중앙의 각 관청에 근무하는 경아전으로는 녹사(錄事 : 의정부나 중추원에 속한 실무자)·서리書吏·조례皁隷·나장羅將·차비군差備軍 등이 있었다. 외아전은 향리鄕吏와 가리假吏로 나누는데, 향리는 그 지방 출신으로 대대로 아전을 하는 사람이고, 가리는 다른 지방에서 와서 임시로 근무하는 아전이다.

조선시대에 아전은 모두 중인 계층이었는데 경아전의 녹사는 종6품까지 승진할 수 있었고, 서리는 종7품 또는 종8품까지 승진할 수 있었다.

조선시대에 외아전인 향리는 탄압을 받아 과거응시 자격이 대폭 제한되었으며, 녹봉도 없었다. 세종 대부터는 이들에게 주어오던 외역전外役田을 혁파했으며, 원악향리처벌법元惡鄕吏處罰法을 만들어 향리의 토호적 성격을 제압했다.

전근대에서 리는 청렴과 법 집행을 기준으로 하여 4가지로 분류가 가능하다.

1. 청렴하고(뇌물 수입을 바라지 않고) 인정사정보고 법 집행을 하는 자
2. 청렴하고 인정사정없이 법 집행을 하는 자
3. 부패하고(뇌물 수수에 열중하고) 인정사정 보고 법 집행을 하는 자
4. 부패하고 인정사정없이 법 집행을 하는 자

1,3 유형은 순리이고 2,4 유형은 혹리이다. 순리는 칭송을 받고 혹리는 민의 증오를 샀다. 한국이나 중국에서나 유학자들은 거의 예외 없이 순리를 이상적으로 보았다. 정약용(丁若鏞, 1762~1836)은 청렴하나 각박한 관리, 즉 2 유형의 혹리를 최악이라 여겼다.

여기서 2 유형의 혹리는 4 유형의 혹리보다 났다고 생각할 수 있다. 그러나 4 유형은 이론적으로는 있을 수 있어도 실질적으로는 존재 가능성이 거의 없다. 법 집행권이 있으므로 뇌물 수입이 가능한 것인데 법 집행을 규정대로만 하면 뇌물을 주려고 흥정하는 자가 있을 수 없기 때문이다. 그러므로 중국이나 조선이나 혹리는 대체로 청렴했고 순리는 대체로 부패했다.

서양의 관점으로 보면 인정사정 잘 보는 순리는 법을 문란하게 하는 주범이고 혹리가 바람직한 존재이다. 그러나 민의 입장으로 보면 부패하더라도 법 집행에 융통성을 발휘하는 순리가 유익한 존재이다. 법을 엄격히 집행하는 혹리가 비난을 받은 것은 법 자체가 공정하지 않고 민을 통제 처벌하려 만들었기 때문이다. 법을 제정하는 목적이 서양과 근본적으로 다른 법가 문화에서는 바람직한 관리 유형이 다를 수밖에 없다.

관官은 사또, 군수 등 지방 수령을 목민관牧民官으로 지칭하는 것에서 알 수 있듯이 품계가 높은 고위 관료이다. 장長 급 직책은 거의 관이다. 관은 실무를 담당하지 않고 리를 부린다. 다시 말해 리를 관리管理하고 감독監督한다. 그러므로 리와 성격이 다른 점이 있었다.

아전을 부리는 목민관인 지방 수령은 청렴과 현명함에 따라 4가지로 분류할 수 있다.

1. 청렴하고 현명한 자(아전에 속지 않는 자)
2. 청렴하고 어리석은 자(아전에 속아 농락당하는 자)
3. 부패하고 현명한 자
4. 부패하고 어리석은 자

1 유형을 빼고는 모두 폐해가 많은데 2 유형이 3 유형보다 폐해가 큰 경우가 많았다. 부패하고 현명한 목민관은 아전의 횡포나 부패를 어느 정도 통제하고 자기 몫도 적당히 챙기는데, 이는 결과적으로 아전이나 민에게는 베푸는 것이므로 의외로 평이 좋았다.

정약용은 청렴하지만 각박한 목민관을 혹평했는데, 이는 민의 이익을 기준으로 보았기 때문이다. 각박한 것은 베풀 줄 모르는 것이다. 목민관은 무엇으로 어떻게 베푸는가. 민에게 불리한 불공정한 법의 집행을 느슨히 하고 조세 공물 등 각종 부담을 적게 하는 것이다. 그러므로 실무를 담당하는 아전을 잘 관리하는 것이 관건인데 아전을 청렴이라는 채찍으로만 다스릴 수는 없다. 녹봉이 없는 아전의 이익도 인정할 필요가 있다. 아전의 입장으로 보면 민의 부담 정도를 흥정하는 것이 그들의 일이므로 수수료(=뇌물)를 받는 것이 부당한 것이 아니다. 당근을 쓰지 않는 목민관은 아전의 더욱 교묘한 부패를 유발해 민의 부담이 더 커진다.

정조 18년(1794) 가을 경기도 광주 죽산 양성에 암행어사로 간 박윤수(朴崙壽, 1753~1824)가 양성현의 현감 권순權絢순을 처벌한 일화는 많은 것을 생각하게 한다. 권순은 현감은 청렴하고 어리석은 목민관의 전형이었다.

정조 18년 나라 전체에 흉년이 들어 백성들의 생계가 어려웠다. 정조는 자신의 생일인 음력 9월 22일 흉년에 대처하는 진휼 윤음(綸音 : 임금이 신하나 백성에게 내리는 말. 오늘날의 법령과 같은 효과를 지님)을 선포하니 내용은 정퇴(停退 : 환곡 갚을 기한을 연기함)와 대봉(代捧 : 세를 쌀 대신 돈이나 다른 것으로 납부함)이었다.

국가에서 정한 쌀의 공정 가격이 시장 가격보다 낮기 때문에, 돈으로 대신 내면 민으로서는 이익이었다. 국가에 진 빚과 세금 때문에 허덕이던 백성들로서는 반가운 조치였다.

그리고 흉년 피해가 매우 큰 경기도에 암행어사 10인과 적간사관(摘奸史官 : 부정을 살피는 사관) 5인을 파견했다. 어사 중 한 사람인 정약용은 적성(積城)·마전(麻田)·연천(漣川)·삭녕(朔寧)을 맡았다. 어사와 적간사관들의 주요 임무는 임금이 내린 시책이 올바르게 시행되고 있는가를 살피는 것이었다.

만 41세의 부수찬(副修撰 : 홍문관의 종 6품 관직) 박윤수는 임금의 명을 받고 경기도 광주(廣州)·죽산(竹山)·양성(陽城)의 어사(御使)로 나갔다.

광주는 부윤 서미수徐美修가 일을 잘 처리하여 백성들이 한시름 놓고 생계를 이어가고 있었다. 그에 비해 죽산 부사 유인철은 아랫사람을 잘못 기용하여 온 고을에서 비난을 사고 있었다.

박윤수는 광주와 죽산을 돌아본 뒤, 양성현으로 갔다. 양성현의 상황은 더 나빠 곳곳에서 굶주리고 병든 백성들을 볼 수 있었다. 먼저 보낸 수행원들의 보고에 따르면, 재해를 입은 땅의 결수를 나누어 면세하는 표재俵災도 시행하지 않았고, 재해를 입은 백성을 상대로 진휼 등급을 정하는 초호招戶도 하지 않고 있었다. 박윤수는 환곡을 갚지 못해 야반도주하는 한 가족을 붙잡아 자초지종을 물은 끝에 이 고을 백성이 임금이 정퇴를 명한 것을 모른다는 것을 알아냈다. 박윤수는 수령이 이를 백성에게 알리지 않고 그 업무를 방기한 것으로 짐작했다.

다음날 이른 아침 박윤수는 수행원들을 모아 양성현의 동헌(東軒 : 지방 수령이 업무를 보던 건물)에 출두했다. 박윤수는 현감 권순이 포악한 자일 것이라고 생각했으나 얼굴이 희고 깨끗하며 말씨도 공손하여, 점잖은 선비의 모습 그 자체였다. 외모에 속아서는 안 된다는 생각으로 박윤수는 권순과 대화를 나누어 식견을 살펴보았는데, 탐관오리와는 거리가 먼 인물로 보였다.

그러나 번열(反閱 : 공문서 검열)과 번고(反庫 : 관가 창고 검열)를 해보니 양성현의 행정은 문제투성이였다. 도저히 있을 수 없을 듯한 여러 악행을 찾을 수 있었다.

【『대전회통』의 「호전(戶典)」에서는 反庫를 '번고'라 읽는다고 명시했다. 이조에서 회계와 관련된 규정은 대개 이두로 표시했다. 反作은 사실과 다르게 기록하는 것을 말하는데 음가는 '번질'이었다.】

박윤수는 다시금 수행원들을 풀어 알아보았는데, 모든 것이 양성현의 아전과 향임(鄕任 : 유향소의 품관) 무리가 공모하여 저지른 짓이었다. 권순은 아랫사람을 제대로 통제하지 못하는 허수아비 수령이었다.

박윤수는 본인의 인품은 훌륭하나 아랫사람을 다스리지 못하여 일이 났을 때 수령의 책임은 어디까지인가를 자문했다. 박윤수는 비행의 당사자들 뿐 아니라 권순을 논죄하기로 결심했다.

그는 서울로 돌아가 임금에게 서계書啓를 올렸다.

양성 현감 권순은 정령을 엄하고 급하게 단속할 만한 위엄도 없고 간사한 것을 살필 만한 명찰함도 없습니다. 마을에서 돈을 거두는 것은 불법에 해당되는 것입니다. 그리고 조세를 견감해주기 위해 호를 뽑는 것에 대해서는 거론조차 하지 않고 있습니다. 견책하여 파직하는 법을 시행하는 것이 마땅하겠습니다.

청렴하고 현명한 목민관은 어느 정도 아전의 이익을 인정했다. 그는 백성에게 베풀고 아전의 이익도 침해하지 않고(아전의 이익은 성문법으로는 부정부패이지만 관습법 자연법으로는 정당성이 있었다) 자신은 녹봉 이외의 수입은 거절하는 사람이니 모두가 우러러 보았다. 그러나 이러한 인간 유형은 매우 드물다. 장기적으로 보아 법가 사회에서 부정부패가 만연하는 것은 필연이었다. 크고 작은 다양한 완장을 찬 인간 군상의 양심에만 기대는 인치의 사회가 지옥과 다름이 없음은 20세기 중반에 탄생한 '조선민주주의인민공화국'이 잘 보여주고 있다.

법가 문화의 전통이 강한 나라는 민간 분야이건 정부 영역이든 '정의'를 세우기가 매우 어렵다. 공권력이 모든 분야에 침투해 있으므로 어찌 보면 모든 분야가 관의 영역인 측면이 있어 일이 터지면 민이 책임을 져야 할지 정부가 비난받아야 할지 애매하다. 민간 부분이나 정계 관계를 막론하고 '순리형 관리자'가 호평을 받게 마련인데, 이는 바로 법치의 훼손이다. 정의의 사도를 자처하는 '혁명정부' 또는 '개혁정부'가 출현해 국가기강을 세우겠다고 정의를 세우겠다고 매사 법대로 처벌하고 법대로 한다면, 공정을 기한다 해도 엄청난 부작용과 형평성 문제가 발생한다. 다른 목적으로 법 적용을 편파적으로 한다면 그 '혁명(개혁) 정부'는 …

아전의 능력과 목민관의 능력은 다르므로 아전으로 유능한 자를 목민관으로 임명해도 유능하리라 장담할 수 없다. 신분제를 폐지한 현대사회에서도 이런 면이 있는데, 유능한 국회의원이나 관료가 뛰어난 수상이나 대통령이 될 수 있는지는 미지수이다.

*　　*　　*

한 무제는 넉넉한 국고를 바탕으로 BC. 129~ BC. 119년 사이 7차례나 대규모 흉노 원정군을 일으켰다. 오랜 전쟁으로 국고가 바닥나자 한무제는 재정 수입을 늘리려 경제에서 자유방임을 포기하고 새로운 재정정책을 폈다. 먼저 원수元狩 4년(BC. 119) 소금과 철을 국가가 전매하는 정책을 폈다.

소금과 철은 당시 곡물 못지않게 중요한 물산이었다. 전국시대부터 한 제국에 이르기까지 대부호는 소금이나 철의 생산업자 또는 판매업자였다. 소금의 생산지는 해안가와 내륙 일부에 국한되어 제염업자와 판매업자가 큰 이득을 올릴 수 있었다. 전국시대 이후 철제 농기구가 보편화되면서 철 역시 농민의 필수품이 되었다. 진 제국은 소금과 철의 생산 유통 판매를 독점하려 했으나 공권력의 한계로 시황제 이르러는 민간의 광업을 인정하기에 이르렀다.

한 제국은 민간의 제염업자와 제철업자에게 과세만 했는데, 한 무제는 원수 4년에 이르러 국가가 생산과 판매를 독점하는 정책을 편 것이다. 이러한 정책은 유가가 보기에는 국가가 여민쟁리(與民爭利 : 백성과 이익을 다툼)하는 것으로 바람직한 것이 아니었다.

원수 5년(B.C. 118)에는 역시 재정 수입을 늘리려 기존의 반량전 半兩錢을 폐지하고 오수전 五銖錢을 대량 발행했다. 오수전 발행으로 인한 주조 차익은 매우 컸다

이후 오수전은 621년 당 고조 이연이 새로이 개원통보 開元通寶를 발행할 때까지 739년 간 유통되었다. 【이때 1兩은 24銖였다. 1량이 약 15.6g이므로 1수는 0.65g이다. 그러나 오수전의 무게는 실제로 5수 즉 3.25g은 아니었다. 실물은 무게가 5수보다 더 나갔다. 반량전의 무게도 실제 반량 즉 12수가 아니었다.】

원정元鼎 2년(BC. 115)에는 균수법均輸法을, 원봉元封 원년(BC. 110)에는 평준법平準法을 실시했다. 이는 정부가 상품을 운반하고 물가를 통제해 대상인의 이익을 억제하고 재정수입 증대를 꾀한 것이다. 균수법과 평준법의 결합으로 대상인은 큰 타격을 입었다.

또한 상인과 수공업자에 대해 산자(算貲 : 재산세)를 대폭 올려 재정수입을 늘렸다. 산자를 줄이려 재산을 은닉하는 자에 대한 처벌을 강화하고 고발을 장려했다. 재산을 은닉한 자의 재산(토지·화폐·노비)은 모두 몰수했고, 고발한 자는 그 재산의 반을 보상금으로 주었다. 이 정책으로 어느 정도 재산이 있던 상인과 수공업자는 대거 파산했다.

한 무제의 신경제정책은 대상인을 몰락시키고 그 이익을 국가가 차지하는 것이었다. 이 때문에 토지만이 믿을 수 있는 재산이라는 인식이 퍼져 지주들이 잉여를 오직 토지 획득에 쓰게 되었다. 이에 따라 토지 소

유 격차는 더욱 커졌고 자작농의 몰락이 가속화되었다.

* 한 제국의 관제 *

한 제국의 최고위 관직은 승상丞相이었다.

승상은 행정의 최고 책임자이며 황제의 명에 따라 조의(朝議 : 조정의 회의)를 주관하고 황제의 정책 결정을 보좌했다. 진나라에서 승상은 좌승상, 우승상 2명이 있었으나 한나라에서는 대체로 1명이었다.

승상의 집무 관청이 승상부丞相府인데, 그 소속 관원은 한 무제 때에는 382명이나 되었다.

승상은 나중에 대사도大司徒로 명칭이 바뀌었다.

승상 다음으로 높은 관직은 어사대부御史大夫였다. 어사대부는 자신의 소속 관청인 어사부御史府를 통할해서 정무를 집행할 안을 작성해 황제에게 상주上奏하고 황제가 결정한 정책을 승상에게 전달했다. 어사대부의 속관屬官인 어사중승御史中丞은 관료를 감찰했다. 어사대부는 나중에 이름이 대사공大司空으로 변경되었다.

태위는 제국의 군사를 관장했다. 나중에 대사마大司馬로 이름이 바뀌었다. 치속내사治粟內史는 국가재정을 담당했는데, 나중에 명칭이 대사농大司農이 되었다.

낭중령郎中令은 황제를 경호하고 낭관郎官을 통솔했다. 한 무제 때는 낭중령을 광록훈光祿勳으로 명칭이 바뀌었다.

위위衛尉는 궁성 경비를 담당하는 남군南軍을 통솔했다.

중위中尉는 도성을 수비하는 북군北軍을 통솔했다.

이외에 황제의 사적 생활을 위하거나 황실에 봉사하는 정부 기구가 있었다. 소부小府는 황실 재정을 담당했고, 태복太僕은 황제의 마차와 말을 관리했다.

장작소부將作小府는 궁궐이나 황제의 능 조성을 담당했다.

지방행정을 보면 제후국과 열후의 봉읍을 제외한 지역에 군현제를 시행했다. 전국시대에 각국은 행정구역으로 군과 현을 설치했다. 광역 행정구역인 군 아래에 여러 개의 현을 두었다. 한의 군현제는 진 제국과 같으나 군의 장관은 수守였고 현의 장관은 령令 또는 장長이었다.

한 경제 때 수는 태수太守로 명칭을 바꾸었다.

현은 몇 개의 향鄕으로 나누어 삼로三老·색부嗇夫·유요游徼 등의 향관을 설치했다.

향내에 덕 있는 이를 선임해 삼로로 했는데, 향의 교화를 맡았다. 색부는 소송을 처리하고 부세賦稅를 담당했다. 유요는 향의 치안을 유지하는 역할을 했다. 색부와 유요는 현령이 임명하고 향에 파견했다.

향은 다수의 리里로 구성되었는데, 그 장을 리정里正이라 했고, 리의 지도층을 부로父老 또는 부형父兄이라 했다.

* * *

2장 | 왕망의 찬탈과 몰락

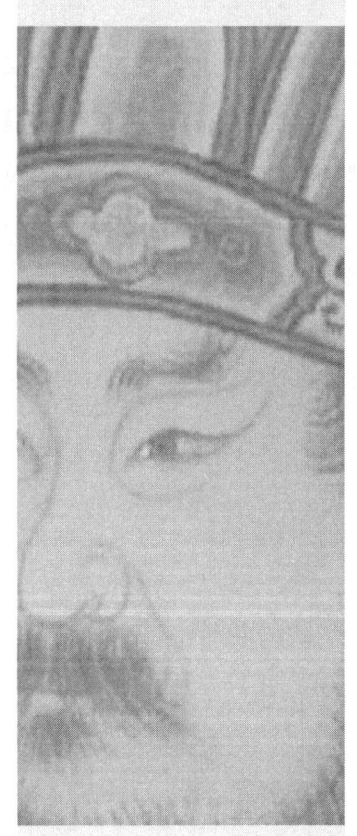

외척 왕씨의 득세

황룡黃龍 원년(BC 49) 十二月 한의 9대 황제인 선제(宣帝, 재위 74 BC ~ 49 BC)가 병사하고 황태자 유석劉奭이 즉위했다. 그의 시호는 원제(元帝, 재위 49 BC ~ 33 BC)이다.

유가 사상에 심취했던 원제는 태자 시절인 BC 53년 법술 관료를 중용하고 무거운 형벌을 쓰는 선제에게 연회석에서 유가를 중용할 것을 건의한 일이 있었다.

폐하께서는 형刑과 법法에 의지함이 매우 심합니다. 마땅히 유생儒生을 써야 합니다.

선제는 이에 정색을 하고 말했다.

한가(漢家 : 한나라 황실)에는 자체의 제도가 있으니 본래 패도(覇道 : 법가)와 왕도(王道 : 유가)를 혼용한다. 그런데 오직 덕을 설명하는 유술儒術만을 사용해서 주나라의 정치를 채용한다는 것은 무엇인가? 더욱이 속유俗儒 무리는 현재 해야 할 정무를 알지 못하고 그저 옛것을 옳다 하고, 지금을 비난하고 세상 사람들을 유혹해 명名과 실實을 구별할 수 없게 해서 무엇을 지켜야 하는지도 알지 못하게 하고 있다. 이러니 어떻게 유가에게 정치를 맡길 수 있겠는가?

이어 탄식하며 말했다.

우리 황실을 어지럽힐 자는 태자로다!

민간에서 자라 인간 심리의 어두운 면을 잘 아는 선제는 유가의 한계를 분명히 인식하고 있었다. 선제가 보기에 유가를 전적으로 신봉하는 태자는 세상물정 모르는 철부지였다. 선제는 한때 법가에 지식이 있는 차남 회양왕 유흠으로 태자로 교체하려 했으나 태자 유석이 곽광 일파에 독살당한 허 황후의 유일한 아들이고 그 자신이 처가인 허씨 집안에 의지한 바가 컸으므로 포기했다.

원제는 아버지인 선제가 우려했던 대로 사악한 인간의 존재를 잘 몰랐고 일방적으로 유교의 예제에 의존해 왕망이 등장할 무대를 제공했다. 유교의 국교화가 진행되었고 선양禪讓 개념이 구체화되어 훗날 왕망의 선양이 이루어질 기반이 갖추어졌다.

경년竟寧 원년(BC. 33) 원제가 세상을 떠났다.

태자 유오劉驁가 즉위하니 그의 시호는 성제成帝이다. 성제의 생모 왕정군王政君은 왕금王禁의 딸인데, 왕금에게는 여러 처첩에게 낳은 자식 8남 4녀가 있었다. 왕정군은 차녀인데, 왕금의 모든 아들보다 먼저 태어났다.

성제가 즉위하자 왕정군은 황태후가 되었고 그녀의 동모제인 왕봉王鳳은 대사마大司馬·대장군大將軍·영상서사領尙書事가 되었다. 영상서사에서 영은 겸직을 뜻한다. 즉 왕봉은 군권을 장악했고 상서 직무를 하게 되어 국정도 장악했다.

하평河平 2년(BC. 27)에는 왕봉의 이복아우 다섯이 같은 날 열후列侯가 되었다. 이로서 태후 왕정군의 아우 가운데 일찍 죽은 왕만王曼을 제외한 7인이 열후가 된 것이다. 이는 한 고조 유방이 정한 규정에 어긋난 것이었다. 유방은 실제로 공훈이 있는 경우에만 열후로 봉하라고 했다.

양삭陽朔 2년(BC. 23) 왕봉의 사촌인 왕음王音이 어사대부御史大夫가 되었다. 이에 왕씨 집안은 더욱 번성해 주州의 장관인 자사刺史와 봉국封國의 재상이 모두 왕씨 일문에서 나왔다. 열후가 된 왕씨들은 뇌물로 모은 재산으로 빈객을 부양하여 명성을 얻었다.

> ## 주 州
>
> 군 위에 있는 광역 행정구역으로 BC. 106년 한 무제가 유주幽州·병주并州·기주冀州·청주靑州·연주兗州·서주徐州·형주荊州·예주豫州·익주益州·량주涼州·양주揚州 등 13개 주를 설치한 것이 시초이다.
> 주의 수령은 자사刺史라 했다. 처음 주는 행정단위가 아니라 감찰단위였다. 그러나 광역행정의 필요성이 커짐에 따라 점차 군의 상급 행정 기관으로 성격이 변했다. 이에 따라 주의 수령 명칭도 자사에서 목牧으로 바뀌었다.

이렇듯 외척 왕씨가 세도를 부리자 비난 여론이 일었다. 당대의 석학이자 종실인 유향(劉向, c. 77 BC ~ 6 BC)은 왕씨의 득세가 황실에 위협이 될 것으로 보아 장문의 상주문을 성제에게 올렸다. 내용은 대략 다음과 같았다.

군주가 아무리 안정하려 해도 늘 위기가 따르고, 아무리 자리를 지키려 해도 늘 멸망하는 법입니다. 이는 신하를 부리는 술수가 모자라기 때문입니다. 무릇 대신이 권세를 가지고 국정을 맡으면 해가 되지 않을 수 없습니다.
옛날 진晉나라에는 6卿이 제濟나라에는 田씨, 崔씨가 국정을 장악했습니다. 결국 전씨가 제나라를 차지했고, 6경은 진나라를 분할했습니다.
한나라가 일어날 때 여씨들이 무도하여 유씨의 사직을 위협했으나 충직한 대신 주발周勃 등이 충절을 다해 여씨를 멸망시키고 유씨를 다시 편안하게 했습니다.
지금 왕씨 일족으로 권세를 얻고 있는 대사마·대장군 왕봉과 그 아우인 다섯 열후 이외에 23명, 그 외에 많은 사람이 황제 측근에서 일하고 있습니다. 또한 상서나 구경九卿, 주의 목(牧 = 자사)이나 군의 태수 등도 전부 그 일문에서 등용하고 있습니다. 상고 시절부터 진과 한에 이르기까지 외척이 지금의 왕씨처럼 세도를 부린 일이 없습니다.
사물이 성盛하면 이상한 변고가 미리 나타나는 법입니다.
소제昭帝 치세에는 태산의 쓰러진 돌이 스스로 일어나고 상림원의 죽은 버드나무가 일어나더니 선제가 즉위했습니다. 지금 왕씨 선조의 묘가 제남濟南에 있는데, 거기에 세워진 기둥에서 잎이 나고 땅속에 뿌리를 뻗고 있습니다. (태산의 쓰러진)
돌이 스스로 일어나고 (상림원의 죽은) 버드나무가 일어난 것도 이보다 더한 징표는 되지 못합니다.
사세事勢가 두 가지일 수 없듯이 왕씨가 유씨와 병립할 수 없습니다. 아래로는 태산과 같이 안정되어 있어도 위로는 누란의 위기입니다.
폐하께서는 종묘사직을 지켜야 하는데, 외가에 국정을 맡기고 하인이 다 되어 일신을 지키기에도 어려우니 하물며 종묘사직을 어찌 지키겠습니까? 선제께서 외척이 세도를 부리지 못하게 한 것은 사직의 안정을 위해서입니다.
폐하께서는 마땅히 밝은 조칙을 내리시어 종실을 가까이 하고, 외척을 멀리 내쫓아 정치를 하지 못하게 해야 합니다. 그렇지 않으면 (제나라를 찬탈한) 전씨가 지금에 다시 나타날 것이며, 진나라를 분할한 6경이 한나라에 일어나 후대에 근심거리가 될 것입니다.

상주문을 읽은 성제는 동의하면서도 어찌할 도리가 없었다. 당시 관료 사회에는 한 왕조의 천명天命이 다했고 왕씨가 천명을 받을 것이라는 믿음이 퍼져 있었는데, 유향의 상주문은 이를 반영한 것이었다.

왕봉은 대사마·대장군으로 11년간 재직하다가 양삭 3년(BC. 22)에 사망했다. 왕봉은 사촌인 어사대부 왕음이 자신의 뒤를 잇게 할 것을 유언으로 남겼다. 왕봉은 자신의 아우들은 사치하고 방탕해 국정을 맡겨서는 안 된다고 보았기 때문이다.

왕음은 대사마·대장군 자리에 7년 동안 있다가 영시永始 2년(BC. 15)에 사망했다. 이후 대사마·대장군 직위는 왕봉의 아우인 왕상王商과 왕근王根이 연이어 계승했다.

왕망의 등장

왕망王莽은 태후 왕정군의 아우 가운데 일찍 죽어 열후가 되지 못한 왕만의 차남이다. 왕망은 원제의 치세였던 초원 4년(BC. 45)에 태어났다. 왕망의 형 왕영王永은 일찍 죽었다. 백부, 숙부와 그 식솔들이 호사스럽게 살고 있는 가운데 왕망의 집은 불우했다. 왕망은 유가 진참陳參에게서 『예경禮經』을 배웠는데, 진참은 학업에 정진하는 왕망을 보고 자주 주위 사람들에게 "왕망은 장차 큰 인물이 될 것이네"라고 칭찬했다.

학업을 마친 왕망은 돌아와 모친과 과부인 형수를 모시고 어린 조카인 왕광王光을 키웠다. 행동이 조신하고 박학한 왕망은 명사와 젊은 인재들과 폭넓게 교류하여 좋은 평판을 얻었다.

양삭 3년(BC. 22) 백부인 왕봉이 병석에 눕자 수개월 동안 정성껏 간병했다. 왕봉은 죽기 전에 태후와 성제에게 왕망을 부탁했다. 이에 왕망은 낭관의 하나인 황문랑黃門郎이 되었다. 얼마 후 활을 잘 쏘는 병사들을 관리하는 무관인 사성교위射聲校尉가 되었다. 이때 왕망의 나이 만 23세였다.

드디어 벼슬길에 오른 왕망은 때를 기다리며 공손한 모습을 보였다. 당시 외척 왕씨를 비롯한 지배 계층의 사치는 극에 달해 복식이나 장신

구가 황제와 구별하기 어려운 자가 많았고 처첩을 100이나 거느린 자도 있었다. 이런 상황에서 왕망이 근검절약하는 유생의 이미지를 보이니 그의 명망은 높아만 갔다.

당대의 명사들은 왕망을 어질다고 칭송했는데, 숙부인 왕상은 자신의 봉읍을 떼어 왕망에게 주라고 성제에게 상주했다 영시 원년(BC. 16) 성제는 이미 죽은 왕망의 부친 왕만을 신도후新都侯로 추증하고 왕망이 이를 이어받는 형식으로 왕망을 열후에 봉했다. 신도후의 봉읍은 남양군南陽郡 신야현新野縣의 향鄕으로 1천5백 호였다. 왕망은 신도후로 봉해짐과 동시에 기도위騎都尉·광록대부光祿大夫·시중侍中으로 임명되어 궁정의 숙위를 맡게 되었다.

왕망은 관직과 작위가 높아질수록 겸손하고 조심하는 모습을 보였다. 자신의 마차와 말, 의복을 내어 빈객들에게 주었고 집 안에 여분의 재물을 쌓아놓지 않았다. 또한 형편이 어려운 명사들을 빈객으로 거두어 부양했으며 조정의 장군, 승상 등 고관과 친교를 맺었다. 왕망의 명성은 나날이 높아져 숙부들을 압도했다.

왕망은 조카 왕광이 박사의 문하에서 학문을 익히도록 배려했다. 왕망은 궁에서 휴가를 나오면 쇠고기와 양고기, 술을 가득 실은 수레를 끌고 왕광의 스승을 찾았다. 왕광과 동문수학하는 이들에게도 선물을 주었다.

조카 왕광은 왕망의 장남 왕우王宇보다 나이가 어렸지만 왕망은 같은 날 두 아이를 혼인시켰다. 축하하러 온 손님들이 대청을 가득 채웠다. 한 사람이 자신의 모친이 병으로 아프다고 말하자 왕망은 몇 번이나 그 손님의 어머니를 찾아가 병세를 살폈다.

왕망은 몰래 시비侍婢를 사서 곁에 두었는데, 사촌 동생들이 알고는 말이 많았다. 이에 왕망은 "후장군後將軍 주자원朱子元이 아들이 없다.

나는 이를 듣고 그를 위해 아들을 낳아줄 여자를 산 것이다"라고 변명했다. 그리고 그날로 시비를 주자원에게 보냈다. 왕망이 명성에 신경을 쓰는 것이 이와 같았다.

왕망에게는 강력한 경쟁자가 있었으니 고종 사촌 순우장淳于長이었다. 순우장은 태후 왕정군의 언니로 왕망의 고모인 왕군협의 아들이다. 순우장은 왕망과 마찬가지로 왕봉을 간병해서 신임을 얻어 왕망과 동시에 황문랑이 되었는데, 먼저 승진해서 수형도위水衡都尉가 되었다. 수형도위는 무제 때 신설된 관청으로 소부小府와 더불어 황실 재정을 맡았다.

이때 성제는 후궁 조비연趙飛燕을 황후로 삼고자 했으나 태후 왕정군이 그녀의 출신이 비천하다고 하여 반대하고 있었다. 성제의 첫 황후는 태자비였던 허許씨로 원제의 생모인 허평균許平君의 질녀였다. 원제는 독살당한 어머니를 그리워하여 외가인 허씨로부터 며느리를 얻었다.

성제가 즉위하자 태자비 허씨는 황후가 되었다. 성제의 허 황후는 금슬은 좋았으나 자녀가 없었다. 성제가 총애하는 후궁 반班씨도 아이를 낳지 못했다. 후사가 없는 것이 걱정이 된 태후 왕정군은 성제에게 후궁을 더 두게 했는데 그래도 아이를 얻지 못했다.

홍가鴻嘉 2년(BC. 19) 무렵 성제는 몰래 양아공주陽阿公主 집을 방문했는데 – 양아공주는 선제 또는 원제의 딸로 추정된다 – 양아공주의 가기家妓로 가냘픈 몸매에 가무歌舞에 뛰어난 조비연에게 첫 눈에 반하여 궁궐로 데려왔다. 곧 조비연의 쌍둥이 동생 조합덕趙合德도 궁으로 들였다. 조비연과 조합덕은 출생이 애매한데 관노 조임趙臨이 입양해서 키웠다. 조비연은 본명이 조의주趙宜主인데 춤을 잘 추어 '나는 제비'라는 뜻의 별명 비연으로 불렸다.

조비연과 조합덕 자매는 허 황후와 후궁 반씨를 능가하는 총애를 입었다. 홍가 3년(BC. 18) 조비연 자매는 허 황후와 반씨가 무고巫蠱하고 있다고 참소해 허 황후가 폐위되었다. 무고는 나무로 특정인의 인형을 만들어 땅 속에 묻고 특정인의 죽음을 기원하는 주술이다. 무고 행위는 중죄로 다스려졌다. 무고 혐의를 벗은 반씨는 목숨이 위태롭다고 여겨 자청해 태후 왕정군의 시녀가 되었다.

성제는 조비연을 황후로 세우고 싶었으나 태후의 반대를 극복해야 했다. 이에 시중 순우장이 왕정군을 설득해 조비연은 영시 원년(BC. 16) 여름 황후가 될 수 있었다. 이 일로 순우장은 성제에게 가장 신임을 받게 되었다. 그러나 조비연 자매도 성제의 아이를 낳지 못했다. 성제가 자식이 없자 민간에 다음과 같은 노래가 유행했다.

> 계수나무의 꽃이 열매를 맺지 못했는데 꾀꼬리가 그 꼭대기에 둥지를 틀었네.
> 과거에는 사람들이 선망하였지만 지금은 사람들이 가련히 여기네.

계수나무는 붉은 색이므로 한 황실의 상징이었다. 한 고조 유방이 적제赤帝의 아들이라는 설이 초한 쟁패 때부터 널리 퍼졌다. 계수나무의 꽃이 열매를 맺지 못한다는 것은 후사가 없음을 은유했다. 당시 사람들은 생명력의 지표로 자손의 생산을 극히 중시했는데, 이 가요는 한 황실의 쇠망을 어쩔 수 없는 것으로 보는 민심을 반영하는 것이었다.

성제가 아이를 볼 가능성이 없다고 보고 왕정군은 성제의 조카인 정도왕定陶王 유흔劉欣과 성제의 이복아우인 중산왕中山王 유흥劉興 중 한 사람을 태자로 삼으려 했다. 원연元延 4년(BC. 9) 유흔과 유흥은 궁중에 들어와 성제와 면접했다. 유흔은 『시경』을 암송해 성제의 호감을 샀다. 원제의 후궁이었던 유흔의 할머니 부씨는 조 황후 자매와 대사마·대장군 왕근에게 뇌물을 주었다.

순화 원년(BC. 8) 二月 유흔이 태자로 책봉되었다. 이 무렵 대사마·대장군 왕근의 건강이 몹시 나빠졌다. 왕근이 은퇴하면 대사마·대장군 자리는 순우장에게 돌아갈 가능성이 가장 컸다. 왕망은 순우장을 몰아내려 비밀리에 뒷조사를 했다. 왕망은 왕근을 간병하면서 순우장이 왕근의 자리를 대신할 수 있게 되었다며 기뻐한다고 참소했다. 또한 순우장이 폐위된 허 황후의 언니와 사통했으며 허 황후를 희롱했다고 말했다. 이에 왕근은 왕망이 태후에게 직접 고하라고 했다. 태후는 왕망의 말을 듣고 대노해 순우장을 파직시켰다. 이에 허 황후가 황후로 복위할 수 있도록 힘써 달라고 순우장에게 뇌물을 주었다는 보고가 성제에게 들어왔다. 순우장을 신임하던 성제도 순우장을 대역죄로 다스려 옥중에서 자결하도록 했다.

순우장의 옥사는 의심스러운 점이 많았다. 이에 왕근이 오랜 지병으로 물러날 것을 성제에게 상서했는데, 후임으로 왕망을 천거했다. 이로써 외척 왕씨 5인이 대사마·대장군 직을 연이어 맡게 되었다.

왕망은 대사마·대장군이 되었어도 방종하지 않았다. 많은 현량에게 관직을 주고 봉읍에서 나온 수입을 모두 선비들에게 나누어 주었다. 그러면서 자신은 더욱 절약하고 검소하게 생활했다. 왕망의 모친이 병석에 눕자 공경대신과 열후들이 처를 보내어 문병했다. 왕망의 처가 그들을 맞이했는데, 바닥에 끌리지 않은 짧은 옷과 광목으로 만든 앞치마를 두르고 있었다. 하녀로 알았는데, 왕망의 처라는 것을 알고 모두 놀랐다.

왕망의 하야와 재기

　순화 2년(BC. 7) 三月 성제가 갑작스레 별세했다. 평소 건강하였으므로 그의 죽음을 놓고 말이 많았다. 후궁 조합덕이 준 미약媚藥 때문이라는 소문도 있었다. 조합덕은 처벌이 두려워 자살했다.
　四月 태자 유흔이 20세의 나이로 즉위하니 그의 시호는 애제哀帝이다. 태후 왕정군은 태황태후가 되었고 황후 조비연은 태후가 되었다.
　六月 애제는 토지 소유와 노비 소유에 상한을 두는, 다시 말해 재산에 상한을 두는 획기적인 개혁안을 반포했다. 내용은 다음과 같다.

> 제후왕과 열후는 봉국 내에서만 토지를 소유할 수 있고, 수도 장안에 살고 있는 열후와 공주는 현에서 토지를 소유하는 것을 인정한다. 관내후(關內侯 : 열후보다 한 등급 낮은 작위) 이하 서민에 이르기까지는 소유할 수 있는 토지 면적을 30頃(137 헥타르)으로 제한한다.
> 소유할 수 있는 노비 수도 제후왕은 200명까지, 열후와 공주는 100명까지, 관내후 이하는 30명까지로 한다. 60세 이상과 10세 이하의 노비는 여기에서 제외한다.
> 상인은 토지를 소유할 수 없고 관리가 될 수 없다.
> 이 조칙을 위반한 자는 율률로 처단하고 규정을 넘는 토지나 노비를 소유할 경우 국가에서 몰수한다. 이 조칙은 3년 후 시행한다.

진 제국과 달리 경제적 자유방임을 택한 한 제국에서는 점차 토지 소유의 격차가 커져 이미 한 무제 치세에는 심각한 사회문제가 되었다. 당대의 명유 동중서(董仲舒, 198 BC ~ 106 BC)는 "부자의 땅은 천맥阡陌을 잇고 가난한 자는 송곳 꽂을 땅도 없다"고 표현하고 토지 소유에 상한선을 두자는 한전법限田法을 주장했다. 당시 소작료는 수확량의 2분의 1이었다.

애제가 한전법을 발표하자 토지와 노비의 가격이 폭락했다. 그러나 애제의 외척과 지방 호족 등 당시의 대토지 소유자들이 반대해 결국 시행하지 못했다.

애제가 즉위한 지 몇 개월 지나지 않아 왕망은 애제의 조모 부씨와 충돌해 대사마·대장군 직에서 물러났다. 이후 부씨 일족이 새로운 외척 세력으로 대두했고 왕씨는 권세를 잃었다.

건평 2년 四月 애제는 조모인 부씨를 제태태후帝太太后로 모친 정씨를 제태후帝太后로 봉했다. 이는 상당히 변칙적인 명칭이었는데, 이로써 태황태후 왕정군, 황태후 조비연 등 애제 당대에 태후가 4인이나 되는 기이한 상황이 되었다. 그리고 왕망은 애제의 명령으로 자신의 봉국으로 추방되었다.

왕망은 봉국인 신야현에서 근신하며 지냈다. 왕망의 차남 왕획王獲이 집안의 노비를 죽인 일이 있었다. 왕망은 왕획을 자결하도록 하여 근엄함을 보였다.

애제는 즉위 초에 큰 기대를 모았으나 우유부단하여 한전법 등 필요한 개혁조치를 입안하고도 실행하지 않았다. 이러한 가운데 BC. 4년부터 하급관리인 동현董賢과 동성애 관계에 들어갔다.

원수元壽 원년(BC. 2) 정월 제태태후 부씨가 세상을 떠났다. 이 해에 일식이 있었는데, 이는 현자 왕망이 억울하게 추방된 때문이라는 말이 있었다. 이에 애제는 왕망을 장안으로 불러들였다.

원수 2년(BC. 1) 五月 애제는 동현을 대사마로 삼았다. 이때 동현의 나이 불과 22세였다. 六月 애제가 26세의 나이로 자식 없이 사망했다. 애제가 죽자 태황태후 왕정군은 즉시 왕망을 궁중으로 불러 병권을 장악하도록 했다. 다음날 왕정군은 대사마 동현을 면직시켰는데, 동현은 당일로 처와 함께 자살했다.

왕정군은 왕망을 대사마·대장군·영상서사로 삼았다. 왕망은 서둘러 애제의 외척을 제거했다. 애제의 황후 부씨는 거만하고 예법을 어겼다는 이유로, 조비연은 성제의 황자를 모해했다는 이유로 서인庶人으로 폐했다. - 조비연은 부 황후와 사이가 좋았다. 두 사람은 곧 자살했다.

왕정군과 왕망은 논의해 九月 중산왕 유흥의 아들인 9세의 유기자劉箕子를 새로이 황제로 세웠다. 그의 시호는 평제平帝이다. 평제의 외가가 힘을 쓰지 못하도록 평제의 생모 위희衛姬와 그 일족을 중산국에 머물게 하여 장안으로 오지 못하게 했다.

평제가 나이 어리므로 태황태후인 왕정군이 임조칭제(臨朝稱制 : 황제 대신에 조의에 임하고 조칙을 냄. 즉 제권을 행사함)했다. 왕정군은 이때 72세의 노령이었으므로 왕망에게 국정을 일임했다.

왕망은 그와 친한 사촌 아우인 왕순(王舜, 왕음의 아들)과 왕읍(王邑, 왕상의 아들)을 중용하여 심복으로 삼았다. 유향의 막내아들인 유흠劉歆도 왕망의 측근이 되어 왕망 집단의 이론적 지도자가 되었다. 왕망에게 순종하는 사람은 발탁되고 거스르는 자는 모두 물러났다. 왕망은 엄숙한 모습을 보였지만 속으로 원하는 바를 미미하게 드러냈고, 측근이 눈치를 채어 상주하면 거부하는 척하다가 뜻을 이루었다.

선양으로 황제가 될 뜻을 품은 왕망은 일련의 상징조작을 했다.

원시元始 원년(AD. 1) 정월 남방의 먼 나라인 월상지越裳氏의 사신이 와서 백치白雉와 한 마리의 흑치黑齒 두 마리를 헌상했다. 이는 주나라 성왕成王의 고사를 모방해 왕망이 꾸민 일이었다.

왕망을 따르는 신료들이 그의 공덕을 칭송해 말했다.

> 주나라 성왕 시절에 백치가 이르게 한 상서로운 일이 일어나자 주공周公(주공)이 살아 있는데도 주를 위탁하는 호칭을 주었으니, 왕망에게도 마땅히 안한공安漢公이라는 작위를 내리고 호구 수를 더 늘려주어 작위에 맞도록 하여야 합니다.

이에 왕정군은 왕망에게 안한공 작위를 주었다. 안한공은 '한나라를 평안히 하는 公'이란 뜻인데 주나라의 기틀을 닦은 주공 희단의 일을 모방한 것이었다. 주공은 형인 주나라 무왕이 일찍 죽어 어려서 즉위한 조카 성왕을 보필한 인물이다.

안한공이 된 왕망은 유가에서 유학의 개조開祖로 숭상하는 주공과 공자의 후예를 열후로 봉해 두 성인의 제사를 받들게 했다. 동시에 공자를 포성선니공襃成宣尼公으로 추시(追諡 : 사후에 시호를 줌)했다.

원시 2년(AD. 2) 봄에는 남해의 황지국黃支國에서 코뿔소를 헌상했다. 이 역시 왕망의 공작이었다. 왕망의 측근들은 왕망의 덕에 감화되어 일어난 일이라 선전했다.

이 해에 청주에 벼메뚜기가 창궐하여 피해가 크자 왕망은 조세 감면과 빈민 구제책을 발표해 명망을 높였다. 스스로 자신의 재산 가운데 전답 30경과 돈 100만전을 내놓아 이재민을 구휼하도록 했다. 홍수나 가뭄 등 자연재해가 나면 왕망은 채식만하고 고기나 생선은 입에 대지 않았다. 이에 왕정군은 왕망에게 나라를 위해 건강을 지켜야 하니 고기를 먹으라는 명령을 내렸다.

원시 3년(AD. 3) 봄 왕망은 자신의 딸을 평제의 황후로 간택 받도록 했다. 왕망은 또한 종실과 개국공신들의 후손을 대대적으로 포상해 이들의 지지를 얻었다.

왕망은 예제禮制와 학제學制 개혁을 했다. 유흠 등에게 혼례 제도를 검토하게 해 새로운 제도를 시행하고 복식服飾도 고쳤다. 학관學官을 두어 군현과 향촌에까지 전국 곳곳에 교육기관을 설치했는데, 군이나 국에 설치된 것을 학學, 현에 설치된 것을 교校, 향에 설치된 것을 상庠, 취락에 설치된 것을 서序라 했다. 학과 교에는 5경을 가르치는 경사經師를 1명씩 두었고, 상과 서에는 『효경』을 가르치는 효경사孝經師를 1명씩 배치해 서민을 교육하도록 했다. 이를 통해 유교는 모든 계층과 지방으로 침투했다.

이 해에 왕망은 평제의 외척을 대대적으로 숙청했다.

처음 왕망의 장남 왕우王宇는 평제가 생모 위씨를 보지 못하도록 하는 것은 도리가 아니라고 보고 건의했지만 왕망은 듣지 않았다. 왕우는 평제가 장성하면 가문이 피해를 입을까 두려워해 위씨 가문과 개인적으로 교류했다. 왕우는 스승인 명유 오장吳章, 처남 여관呂寬과 상의했는다. 오장은 왕망을 설득할 수 없으나, 왕망이 귀신을 믿으니 변괴變怪한 일을 만들면 왕망이 생각을 바꿀 것이라고 말했다.

이에 왕우는 처남 여관으로 하여금 밤중에 왕망의 집에 피를 뿌리게 했는데, 발각되어 왕우는 투옥되었다. 왕망은 이 사건을 기화로 평제의 외척 위씨 가문을 멸족시키고 반대 세력을 일소하려 했다. 먼저 사건의 진상을 누구보다 잘 아는 자신의 아들 왕우를 독살했다. 왕망은 위씨 가문에서 오직 평제의 생모 위씨만 살려주었다. 왕망은 평소 싫어하던 사람들을 모두 이 사건에 끌어다 붙여 처형했는데, 죽은 사람이 수백 명이나 되었다. 왕망의 압박에 원제의 여동생 경무장공주敬武長公主, 왕망의 숙부인 홍양후紅陽侯 왕립王立, 왕망의 조카인 평아후平阿侯 왕인王仁이 모두 자살했다.

경무장공주는 정씨, 부씨와 가까웠고 평소 왕망의 독주를 비난했다. 왕립과 왕인은 품성이 강직해 왕망이 싫어했다. 왕망은 왕정군에게 경무장공주가 병으로 급사했다고 속였다.

왕망은 임신 중인 왕우의 처인 며느리 여언呂焉을 투옥했는데, 출산을 하자 처형했다. 왕망은 이로써 멸사봉공했다고 선전할 수 있었다. 왕망은 자신이 대의를 실현하기 위해 사적인 정에 연연하지 않고 친아들까지 죽였다는 내용의 서찰을 써서 전국의 학관에게 보냈다. 이 사건으로 왕망의 반대파는 사라졌다.

북해(北海, 현재의 산동성 창락현昌樂縣) 사람 봉맹은 친구에게 이렇게 말했다.

삼강이 이미 끊어졌으니 떠나지 않으면 화가 장차 미칠 것이다.

유교 윤리로 보면 왕망이 숙부를 죽인 것은 불효이고, 아들을 죽인 것은 자애롭지 못한 것이며, 황제의 고모할머니와 정직한 인사들을 죽인 것은 국가에 불충한 것이었다.

왕망, 평제를 독살하다

원시 4년(AD. 4) 二月 왕망의 딸이 정식으로 황후에 봉해졌다. 왕망은 천하에 대사령을 내렸다. 경축하고자 왕망은 유흠 등 심복인 관료 8인을 보내어 전국의 민심과 풍속을 살피게 했다. 장안으로 돌아온 이들은 천하가 무사하다는 보고를 올렸는데, 인민이 왕망을 찬양하는 노래를 4만 수나 지었다고 했다.

이 해에 왕망은 유생들을 위해 전국에 1만여 채의 건물을 지어 우대하고 특이한 재능을 가진 선비 1천 명에게 자리를 주었다. 이로써 당대의 독서인들은 대부분 왕망을 지지하게 되었다.

유가 관료나 독서인에게 가장 중요한 것은 관직에서 얻는 이익이었다. 이는 유교적 국가 질서가 온존해야 지킬 수 있는 것이다. 한 왕조의 수명이 다했다는 믿음이 널리 퍼진 가운데 유덕자有德者 노릇을 하고 관료에게 잦은 포상을 하는 왕망은 그들의 기득권을 유지해 줄 희망이었다. 왕망은 소외된 종실 인사에도 봉작封爵을 주어 자신을 지지하게 했다.

원시 5년(AD. 5) 五月에 왕망은 새로이 중시된 유교 경전 『주례周禮』에 따라 구석九錫을 받았다. 구석은 천자가 공훈이 막대한 신하에게 하사하는 아홉 종류의 은전恩典이다.

1. 車馬거마

행차할 때 늘 두 대의 수레가 움직이는데, 큰 수레는 본인이 타고 작은 수레는 무장을 한 호위 병사들을 태운다. 그 수레들을 이끄는 짐승은 검은 소 두 필, 누런 말 여덟 필이다. 이는 황제의 행차에 준하는 격식이다.

2. 의복衣服

곤룡포와 면류관을 착용하고 붉은 신발을 신는다. 이는 왕의 예복에 준하는 복식이다.

3. 악기樂器

조정이나 집에서 음곡(音曲)이나 가무(歌舞)를 감상하는 것을 허용한다. 이는 황제나 왕의 행사에 준하는 격식이다.

4. 주호朱戸

거처하는 집의 대문과 나무기둥에 붉은색을 칠하도록 한다. 이 역시 일반 신하들은 사용할 수 없는 천자의 격식이다.

5. 납폐納陛

궁중에서 신발을 신고 전상에 오르내릴 수 있다. 전상에 오르려면 원래 신발을 벗어야 한다.

6. 호분虎賁

천자처럼 늘 곁을 따라다니며 호위하는 3백 명 가량의 호분 병사를 사사로이 부릴 수 있다.

7. 궁시弓矢
역적을 마음대로 토벌해도 좋다는 권한의 상징으로 동궁(彤弓 : 붉은 활) 한 벌, 붉은 화살 백 개, 노궁(盧弓 : 검은 활) 열 벌, 검은 화살 3천 개를 하사한다.
구석을 받은 사람은 의전상 군주와 동격이다.

8. 부월斧鉞
왕의 의장행사에 쓰이는 도끼로 '살인죄로 처벌받지 않는 것'을 의미했다.

9. 거창규찬秬鬯圭瓚
거창(검은 수수로 빚은 술)과 규찬(옥으로 만든 제기)을 조상의 제사에 사용할 수 있다. 이것은 천자의 종묘 제사 때 사용되는 것이다.

   이 모든 것들이 천자의 예에 버금가는 격식이다. 왕망은 최초로 구석을 받은 신하인데, 이후 구석을 받는 것은 선양 과정에서 필수불가결한 일이 되었다.
   한편 평제는 장성해 감에 따라 왕망이 생모를 유폐하고 외가를 멸족한 것을 알게 되었다. 이에 왕망은 황제 암살 음모를 꾸몄다.
   원시 5년 十二月 납일(臘日 : 민간이나 왕실에서 조상이나 종묘에 제사 지내는 날로 동지 이후 세 번째 술일戌日)에 14세의 평제는 왕망이 헌상한 독을 탄 신주神酒를 마시고 16일 세상을 떠났다(양력으로 A.D. 6년 2월 3일). 왕망은 평제가 중독되어 사경을 헤매자 자신이 평제 대신 병의 고통을 당하게 해달라고 축원까지 했다.
   같은 달 사효謝囂란 자가 다음과 같이 상주했다.

무공현의 현장 맹통孟通이 우물을 파다가 흰 돌을 얻었는데, 위는 둥글고 아래는 네모나며 붉은 글자가 돌에 붙어 있었습니다. 그 글은 "한안공 (왕)망이 황제가 되라고 권한다 [告漢安公莽爲皇帝]"고 하였습니다.

이는 참위설의 부명符命이었다.

부명은 하늘의 뜻으로 당시에는 절대적인 권위를 지녔다. 이 일은 왕망이 기획한 것이었다. 왕망은 대신들에게 태황태후에게 고하라고 했다. 처음에 태황태후 왕정군은 이를 속임수로 규정했으나 결국부명으로 인정했다. 이를 기화로 왕망은 스스로 가황제(假皇帝 : 대행 황제)라 칭하고 관료와 백성에게는 섭황제攝皇帝라 부르게 했다. 왕망은 이듬해에는 거섭居攝으로 연호를 고쳤다.

참위설 讖緯說

참위설은 자연의 변화를 설명하는 음양오행설에 기초해 미래를 예언하는 것으로 전한과 후한에서 크게 유행했다.
참과 위는 본래 별개의 개념이었다.
참은 하늘에서 내려졌다고 하는 예언으로 부명(符命 : 하늘이 제왕이 될 인물을 알리는글)이나 부도(符圖 : 하늘의 뜻을 나타내는 그림) 형식으로 나타난다고 한다.

위는 유교 경전에 대응하여 전한 말기부터 후한에 걸쳐 지어진 책이다. 경전의 문장이 너무 간략하고 함축적이어서 진리의 대강만을 설명하고 있으므로 이를 설명하기 위해 나타났다고 했다.

『시위詩緯』, 『서위書緯』, 『역위易緯』, 『예위禮緯』, 『춘추위春秋緯』 등이 있었는데 음양오행설 천문역수天文曆數 등의 지식으로 경서를 해석해 길흉화복 등의 예언을 했다. 이러한 위서緯書들은 후에 금서가 되었다.

신나라 건국

이때 황실의 혈통은 원제의 후손은 끊겼고, 선제의 증손은 제후왕 다섯 명, 열후는 광척후廣戚侯 유현劉顯 등 48인이 있었다. 평제의 후계자를 결정함에 있어 왕망은 장성한 선제의 증손들을 제치고 나이 어린 현손 23명 가운데 만 1세도 되지 않은 가장 어린 유영劉嬰을 선택했다. 유영은 광척후 유현의 아들이다.

거섭 원년(AD 6) 三月 왕망은 장안에 도착한 유영을 황제가 아닌 황태자로 삼았다. 왕망은 유영을 유자(孺子 : 나이 어린 남자) - 주공 희단이 조카 성왕을 대행하여 섭정할 때 성왕에 대한 호칭 - 라 호칭했다.

이제 누가 보더라도 왕망이 새 왕조를 열 것이라는 것은 명확해졌다. 많은 사람들이 그가 행한 민생 안정책이나 예제개혁을 보고 앞날에 밝은 희망을 품었다. 그러나 한 왕조를 지키려는 시도도 있었다.

거섭 원년 四月 종실인 안중후安衆侯 유숭劉崇이 군사를 일으켰다. 왕망은 이를 손쉽게 진압했다.

거섭 2년(AD. 7) 五月 새로이 대천오십大泉五十, 계도契刀, 착도錯刀라는 세 가지 고액 화폐를 만들어 오수전과 더불어 유통시켰다. 대천오십은 오수전의 50배, 계도는 오수전의 500배, 착도는 금으로 두 글자를 상감하였으므로 금착도라 불렀는데 오수전의 5,000배 가치였다. 당시 황금 한 근의 가치가 오수전 1만이었으므로 금착도 2개면 황금 한 근으로 바꿀 수 있었다 오수전 하나만 유통되다가 고액 화폐가 유통되니 화폐를 밀조하는 이익이 커졌다. 위조 화폐가 대량으로 생산되고 널리 유통되니 상거래가 제대로 이루어지지 않고 부작용이 커져갔다. 왕망이 고액 화폐를 발행한 까닭은 민간의 황금을 빼앗기 위함이었다. 관청만이 금착도 등의 고액 화폐로 황금과 태환하여 보유하게 하고 열후 이하는 황금을 보유하지 못하게 했다. 그러나 잘 지켜지지 않았다.

九月 동군(東郡 : 현재의 하남성 복양현) 태수 적의翟義가 평제가 독살당했다는 여론을 부추키며 거병했다.

적의는 성제 치세에 승상이었던 적방진翟方進의 아들인데, 종실인 엄향후嚴鄕侯 유신劉信을 천자로 세웠다. 적의의 거병에 농민 반란군 지도자 조붕趙朋과 적홍翟鴻이 10여 만 군중을 이끌고 따르니 왕망은 몹시 불안해졌다. 왕망은 관료와 종실이 자신을 지지하도록 당근을 주어 포섭했는데, 그 일원이 군사를 일으킨 것은 왕망의 지지 기반에 치명타를 줄 수 있는 일이었다.

왕망은 종실과 관료를 대상으로 주공의 고사를 모방해 대고大誥를 반포했다. 대고는 '선언하다'는 뜻인데, 주공은 관숙管叔과 채숙蔡叔의 반란을 진압하러 갈 때에 대고를 지었다. 왕망이 발표한 대고는 섭황제 즉위의 불가피성을 역설했다. 이어 황태자 유영에게 황제 지위를 돌려주겠다고 했다. 十二月 왕망은 적의의 거병을 진압했다. 생포된 적의는 거열형에 처해지고 유신은 도피하여 행방을 알 수 없었다.

적의를 진압한 왕망은 서둘러 선양을 꾀했다.

거섭 3년(AD 8) 七月 신당辛當이란 자가 꿈을 꾸었는데, "섭황제는 마땅히 진황제가 되어야 한다"는 하늘의 계시가 있었다고 했다. 왕망은 이를 근거로 十一月 태황태후에게 황제 자리에 오르겠다고 상주했다. 상주문의 말미에는 유영이 성인이 되면 황제 자리에서 물러나겠다고 했다. 그리고 왕망은 연호를 거섭에서 시초始初로 고쳤다.

왕망이 황제 즉위식을 올리니 촉 지방에 사는 애장哀章이라는 자가 재빨리 부명을 조작했다. 구리로 상자 2개를 만들어 천제와 적제의 명령이 들어 있는 것처럼 겉에 쓰고 한 고조의 능에 갖다 놓았다. 그 안에는 "왕망이 진천자가 되어야 한다. 황태후는 천명에 따라야 한다[王莽爲眞天子 皇太后如天命]"는 글이 들어 있었다. 이에 왕망은 황제 즉위식을 거행한지 일주일 만에 천자 즉위식을 올렸다. 새로운 왕조의 국호는 신新이라 하고 연호를 시건국始建國이라 했다. 십이월 초하루를 시건국 원년 정월 초하루라 했다.

【보통 황제와 천자는 동일한 것으로 알지만 차이가 있다. 황제는 지상에 출현한 천제(=상제)이다. 천자는 天帝에 종속되고 천명을 받아서 권위가 주어지는 존재이다. 황제 대관식은 황제로 즉위하는 예와 천자로 즉위하는 예의 두 과정을 거친다.】

왕망은 유영을 안정공安定公에 봉했는데, 봉하는 책서를 읽고는 유영의 손을 잡고 눈물을 흘리며 말했다.

> 옛날에 주공이 섭위(攝位 : 임시로 군주의 자리를 차지함)하다가 끝내 (무왕의) 아들에게 회복되어 군주임을 밝혔는데, 지금 나는 다만 황천皇天의 위엄 있는 명령의 압박을 받아 마음과 같이 할 수 없구나!

태황태후 왕정군의 수중에는 전국지새全國之璽라 불리는 옥새가 있었다. 제위에 오른 왕망은 이를 회수하려고 심복 왕순을 보냈다. 왕정군은 왕순 일행을 꾸짖어 말했다.

네 녀석들 父子와 종족은 漢家의 힘을 입어 누대에 걸쳐 부귀를 누렸는데도 그 은혜에 보답한 것은 없고 다른 사람의 고아(孤兒, 어린 유영을 말함)를 부탁받고서 편리한 기회를 틈타 나라를 빼앗으려 하고, 다시는 은혜와 의로움을 돌아보지 않는구나.
너희 같은 인간이 먹고 남긴 음식은 개와 돼지도 먹지 않을 것인데, 천하에 어떻게 형체마저 남겠는가.
또 네가 스스로 금궤의 부명을 가지고 신나라의 황제를 만들고 정삭(正朔 = 책력)과 복제를 바꾸었으니 역시 옥새를 다시 만들어 만세에 전하면 될 것이지, 이 망한 한나라의 상서롭지 못한 옥새를 무엇에 쓰려 구하려 하느냐.
나는 한가의 늙은 과부로 조석 간에 죽을 것이니 이 국새와 함께 장사 지내 달라.
어찌 줄 수 있겠는가.

태황태후의 말에 주위 사람 모두가 눈물을 흘렸다. 왕순 역시 비통해 하다가 한참 지나서 말했다.

신들은 이미 드릴 말씀이 없습니다. 왕망은 반드시 전국새를 얻으려 할 것이니 태후께서 어찌 끝까지 그에게 주지 않을 수 있겠습니까?

이에 태황태후 왕정군은 전국새를 꺼내어 땅에 던지며 말했다.

나는 늙어서 이미 죽게 되었지만 우리 형제와 종족이 없어질 것을 알겠다.

여론의 전폭적 지지를 받은 왕망의 선양은 무력으로 밀어붙인 후대의 가선양假禪讓, 즉 선양극禪讓劇에 비하면 '참된 선양'이라 할 수 있다.

　기이하게도 민주공화정체인 대한민국에서 1980년 여름 한국 역사상 처음이자 마지막 선양이 있었다. 육군 중장인 보안사령관 전두환은 통일주체국민회의 대통령 최규하로부터 선양을 받았다. 이는 이성계도 하지 못한 일이었다. 이성계는 공양왕으로부터 선양을 받으려 했으나 뜻대로 되지 않자 태후의 조서를 위조해 공양왕을 폐출했다. 이후 권지국사權知國事로 국왕을 대행했는데, 명나라 황제 주원장의 승인을 받은 후에야 정식으로 왕위에 올랐다.

　왕망은 청주靑州 평원군平原郡의 평원현平原縣과 안덕현安悳縣, 탑음현漯陰縣, 격현鬲縣, 중구현重丘縣을 정안국定安國으로 하고 유영을 정안공定安公으로 봉했다. 그리고 정안국에 한나라 역대 황제의 사당을 세우게 하였고, 제사 지낼 때엔 주나라 왕실의 후손들과 더불어 나란히 그 정삭과 복장을 사용하게 하였다. 그리고 왕정군을 정안태후(定安太后)로 하였다.
　　왕망은 유영과 왕정군을 봉국인 정안국으로 보내지 않았다. 장안성의 동북에 위치한 명광궁(明光宮)을 정안관(定安館)으로 이름을 고치고, 유영과 왕정군을 그 곳에서 살게 했다.
　　왕망은 어린 유영을 키우는 유모에게 말을 걸지 못하게 하고 좁은 방에 가두어 유영은 자라서 육축(六畜 : 소·말·양·개·돼지·닭)의 이름도 모르게 되었다.
【유영이 장성하자 왕망은 손녀인 왕우(王宇)의 딸로 처를 삼게 하였다.】

왕망의 정치

왕망은 황제가 되자마자 관제官制와 관청의 명칭을 대폭 고쳤다. 지방관의 이름도 바꾸니 태수는 대윤大尹으로, 현령은 현재縣宰로 했다.

행정구역도 늘려 평제 때의 13주 83군 20국 1,576현을 9주 125군 2,303현으로 했다. 이는 벼슬자리를 늘리기 위해서였다.

이어 왕망은 새로운 토지·노비정책과 화폐정책을 선포했다. 왕망의 토지·노비정책은 다음과 같았다.

1. 전국의 농경지를 왕전王田이라 부르고, 노비를 사속私屬으로 개명하며 둘 다 매매를 금지한다.
2. 각 호의 남자 수가 8명 이하이고 그 소유한 토지의 면적이 1井 (4.1 헥타르)을 초과할 경우에는 초과분을 친족, 이웃하는 리里, 향당鄕堂에 나누어 준다.
3. 이전에 소유한 토지가 없다가 이 법령에 의해 토지를 지급받은 자는 제한을 초과해서 받을 수 없다.
4. 이 법령을 무시하고 비난하는 자는 변방으로 유배시킨다.

토지 정책과 더불어 새로이 무게 1수의 소천직일 小泉直一을 주조하여 오수전을 대신하게 하고 오수전, 계도, 착도의 주조와 유통을 중지시켰다.

소전만 인정하는 화폐 개혁을 한 이유는 오수전이 한나라의 통화이기 때문인데 계도와 착도 폐지는 그 이유가 고액 위조 화폐의 유통 때문이 아니었다. 미신에 집착하는 왕망의 성격 탓이었다. 계도, 착도의 刀가 한 왕실의 유劉 씨 성과 관련이 있다는 것이었다. '劉'자는 卯, 金, 刀 세 문자가 합성된 것이므로 '刀'는 한 왕조를 가리키기 때문이었다. 이는 찬탈자로서 왕망의 심리가 불안했음을 잘 보여주는 일이었다. 민간에서는 왕망이 발행한 화폐를 믿지 못하여 오수전을 계속 썼다.

왕망의 토지·노비정책은 현실을 이해하지 못한 무모한 조치였다.

토지를 소유한 대지주, 중소지주, 자작농 모두가 자신의 소중한 재산인 토지 몰수에 반대했다. 이들의 저항으로 토지 확보는 불가능했고 토지를 얻게 되었다고 기뻐한 토지 없는 농민들은 왕망에게 속았다고 불만이 커져갔다. '노비 해방'도 오히려 크나큰 사회문제가 되었다. 노비 신분에서 해방되어도 토지가 없으니 생계가 막막했다.

왕망은 자신의 토지·노비정책을 위반하는 자는 관노로 만들고는 죄를 범해 노비가 된 것은 인과응보라 주장하는 자기모순을 보였다. 결국 왕망은 3년 후인 시건국 4년(AD. 12) 이 정책을 포기했다.

시건국 2년(AD. 10) 왕망은 강력한 상공업 통제정책인 육관六筦·오균五均 제도를 실시하고 새로이 화폐를 주조했다.

육관은 소금·철·술·화폐·산림천택山林澤·물가조절 등 여섯 가지를 모두 국가독점으로 관리하는 것이었다. 육관은 시행하자마자 관리들이 재산을 늘리고 백성을 속이는 방편이 되었다. 수입을 늘리기 위해 담당 관리들은 여러 가지 세수稅收 명목을 만들어 백성을 착취했다.

오균은 육관 가운데 물가조절을 맡아 한 것이다. 수도 장안을 비롯해 낙양·임치·한단·완성·성도 등 6대 도시의 관설 시장에 오균관五均官이라는 관직을 두어 곡물이나 포백 등의 판매 가격을 통제했다. 사계절마다 상품의 표준 가격을 정해 시가가 표준가격보다 오르면 정부가 보유한 물자를 방출해 급등을 막고, 시가가 표준가격보다 하락하면 민간 매매에 맡겨 팔고 남은 것을 정부가 사들이도록 했다.

오균관은 대부분 대상인 출신이었는데, 이들은 직권을 악용해 물가를 올리고 개인적으로 치부했다.

왕망은 금·은·동·귀(龜 : 거북 등딱지)·貝(패) 등 다섯 가지 재질로 금화, 은화, 귀화, 패화, 등 여섯 가지 유형의 화폐를 28가지 액면가로 발행해 유통시켰다. 민간은 이들 화폐 통용을 거부하고 은밀히 오수전을 계속해서 썼다. 왕망의 신화폐 발행은 민간의 재부를 수탈하는 기능만 했다. 왕망의 경제 정책은 결국 민이 고루고루 가난해지게 하여 생계를 권력의 시혜에 일방적으로 의존하게 하려는 것이었다.

왕망이 개혁이라고 실시한 각종 정책은 기대했던 효과를 보지 못하고 민에게 피해만 주었는데, 이는 그가 관료와 독서인의 사익을 보장해 그 지지를 얻어 제위에 오른 것과 깊은 관련이 있었다. 당연히 왕망은 부패한 한나라의 관료를 신진 인사로 물갈이하지 못했다.

아무리 잘 짠 군사작전이나 국가정책이라도 집행(실천)을 제대로 하지 못하면 오히려 역효과가 나는 법이다. 부패한 관료들은 정책 집행 과정에서 온갖 부정을 저질러 사익을 챙겼다. 왕망은 지지 기반인 그들의 사익을 보장해주어야 했으므로 실질적인 개혁 조치는 할 수가 없었다.

왕망의 대외정책도 엉망이었다.

『예기』에 나오는 "하늘에는 두 태양이 없고 [天無二日] 땅 위에는 두 임금이 없다 [土無二王]"는 말을 신봉한 왕망은 사이(四夷 : 북적北狄

남만南蠻 동이東夷 서융西戎)의 군장을 모두 왕이 아닌 후侯로 격하했다. 한 소제(昭帝, 재위 87 BC ~ 74 BC) 때 왕의 칭호를 받은 운남 지방의 구정왕鉤町王은 구정후鉤町侯가 되었고 고구려왕은 고구려후가 되었다.

주변의 이민족은 이에 모두 반발했는데, 특히 흉노의 반발이 컸다. 여기에다가 평제 원시 2년(AD. 2)에 한과 흉노가 체결한 약정이 문제가 되었다.

중국인으로 흉노에 망명하는 자, 오손인烏孫人으로 흉노에 망명하는 자, 한 왕조의 책봉을 받고 있는 서역 여러 나라사람으로 흉노에 망명하는 자, 오환인烏桓人으로 흉노에 망명하는 자 등을 흉노는 받아들이지 않는다는 것이었다. 이 약정 때문에 흉노에 복속되었던 오환이 흉노에서 이반했다. 오환은 요하의 지류인 노합하 유역에 거주하는 유목 부족이었다. 흉노는 오환을 공격해 다시 복속시켰다. 왕망이 흉노에 보낸 사신은 흉노가 포로로 잡은 오환인을 송환하라고 요구했으나 흉노는 거부했다.

왕망은 선양 이전부터 사방의 이민족이 귀복歸服한다고 선전하여 선양의 정당성을 과시했다. 흉노가 왕망의 권위를 무시한 것은 그 정통성에 큰 타격을 주는, 용납할 수 없는 일이었다. 그러므로 왕망은 무리한 일이지만 흉노 원정을 기획했다.

시건국 2년 十二月 왕망은 12장군, 30만 대군을 출격해 흉노를 멀리 북방으로 몰아내는 원정 계획을 하달했다. 이 소식을 들은 흉노의 선우는 중국 서북방을 습격, 약탈하여 주민들에게 많은 피해를 입혔다.

왕망의 흉노 원정 계획에 12장군 가운데 하나인 토예장군討穢將軍 장우(莊尤, ? ~ 23년)가 상주문을 올렸다.

【후한의 2대 황제 명제의 이름이 '장莊'이다. 이에 역사서에는 피휘避諱하여 장우를 흔히 엄우嚴尤라 표기한다.】

그 내용은 대략 다음과 같다.

주나라, 진나라, 한나라가 흉노를 정벌하였는데, 모두가 상책은 아니었습니다.
주나라는 중책을 썼고, 한나라는 하책을 갖고 있었고, 진나라는 대책이 없었습니다.
오늘날 천하는 액운을 만나 기근이 발생하였는데, 서북 변방은 더욱 심합니다.
30만 무리를 징발하고 300일분의 양식을 마련하려면 식량 조달 지역이 산동·강남에까지 미치고 그 준비에만 1년 기간이 필요합니다. 가장 먼저 전선에 도착한 군사는 피폐해지고 병기가 손상될 것입니다.
300일분 식량은 18곡斛인데, 식량을 운반하는 소 역시 20곡을 소비합니다. 게다가 흉노의 땅은 물과 풀이 부족하여 이전에도 동원된 소가 100일이 되지 않아 죽었습니다.
이리되면 식량은 있어도 운송이 불가능합니다.
흉노의 땅은 가을과 겨울이 매우 춥고 봄과 여름은 심한 바람이 불어 솥과 땔감을 많이 싸가지고 가야 하는데, 그 무게를 병사들이 당해낼 수 없고, 마른 음식을 먹으면서 물을 마시는데 사계절을 보내면 병사들은 질병에 걸립니다. 이러하기 때문에 전대前代에서도 출전하면 100일을 넘기지 못했는데, 이는 형세와 힘이 어쩔 수 없기 때문입니다.
군수품을 운송하는 치중輜重 부대를 운용하면 경무장한 정예 부대는 그 수가 줄어들고 급행군이 불가능해져 흉노를 추격할 수 없습니다. 험준한 곳에서 적의 공격을 받으면 앞뒤로 차단당하기 쉬워 위험이 너무 큽니다.
백성의 힘을 많이 동원하고도 반드시 공을 세운다고 할 수 없으니 신은 이를 걱정합니다. 지금 이미 병사를 동원하였으니, 신 엄우가 먼저 도착한 병사들을 지휘하여 깊이 들어가 번개처럼 공격하도록 허가해 주십시오.

장우는 대규모 병력 동원이 이로울 것이 없으니 소수 정예병으로 기습하자고 상주한 것인데 왕망은 받아들이지 않았다. 이 때문에 전국이 들썩거렸고 동원된 대군은 흉노 땅에 출격도 하지 못하고 변방에서 세월을 보내다가 상당수가 죽었다. 내지에서는 징병을 피해 달아난 민이 도적이 되어 천하가 어지러워졌다. 이러는 동안 한나라 시절 중국에 복속되었던 서역 여러 나라들이 반기를 들어 자립했다.

시건국 4년(12년), 왕망은 고구려에게 흉노 정벌을 명하였으나, 요서에 이르른 고구려군은 돌아갔다. 요서 대윤大尹(태수) 전담田譚이 제지하려 했으나 고구려군에게 살해되었다. 왕망이 고구려를 치려하자, 장우는 고구려를 용서하라고 간하였으나, 왕망은 듣지 않고 장우에게 고구려 원정을 명령했다. 장우는 고구려 장수 연비延丕를 전사시키는 전과를 올렸으나 고구려를 굴복시키지는 못했다. 장우는 고구려왕 추騶를 죽였다고 허위 보고했다.

시건국 5년(AD, 13) 二月 3일 태황태후 왕정군이 세상을 떠났다. 향년 84세였다. 7일 원제 의 능에 합장되었다.

농민 봉기

　천봉天鳳 4년(AD. 17) 여모呂母라는 여인이 무리를 이끌고 해곡현(海曲縣 : 현재의 산동성 일조현 서쪽 소재)을 습격해 현재(縣宰 : 현령)를 죽이고 그 머리를 가지고 아들의 무덤 앞에서 제사를 지내는 사건이 일어났다.

　이는 3년 전인 천봉 원년(AD. 14) 아들이 사소한 죄로 해곡현 현재에게 죽임을 당한 때문이었다. 여모는 양조업을 하여 재산이 많았다. 아들의 복수를 위해 칼을 사 모으고 술을 사러 오는 소년들에게 외상으로 술을 주었고 가진 것이 없는 극빈 소년들에게는 옷을 사주었다.

【소년少年하면 아주 어리지도 않고 성인도 아닌 남자아이를 뜻하지만, 본래는 빈농의 자제로 백수건달인 청년을 일컫는 말이다. 장남은 대개 아니고 주로 2남과 3남이다. 동의어는 악소배(惡少輩 : 불량 청소년 집단)이다. 고대 역사서에 쓰인 소년은 대개 악소배란 뜻이다.】

　수년간 소년들의 환심을 산 여모는 재산이 바닥이 났다. 여모의 곤궁한 처지에 소년들은 외상 술값을 치르러 모여들었다. 여모는 눈물을 흘리며 아들의 억울한 죽음을 호소하고, 복수를 하는 데 도움을 줄 것을 요청했다. 여모에게 은혜를 입었다고 느끼던 소년들은 도와줄 것을 맹세했다. 이들은 소년 수백 명을 끌어들여 해안가의 택지에 모였다. 여기에 수천의 망명자가 가담했다.

  망명자는 빈궁해 농사를 지을 수 없어 고향을 떠나 정처 없이 떠돌아다니는 유민流民이다. 이 무렵 왕망의 실정과 연이은 가뭄 등의 자연재해가 중첩되어 망명자가 광범위하게 발생하고 있었다. 중국 역대 왕조는 농민의 향리 이탈을 엄금하고 이탈하면 엄벌했으나 농민들은 굶어죽을 지경에 이르면 이를 무시했다. 기민飢民들은 홀로 또는 떼를 지어 산과 들로 먹을 것을 찾아 헤매었고 식량 획득이 불가능할 경우 군도群盜가 되었다.

  여모 집단은 복수에 성공하자 점거했던 해곡현의 성城에서 물러나 본거지로 돌아갔다. 한 제국에서는 사적 복수를 인정했으므로 비록 황제가 임명한 지방관을 죽였어도 왕망은 여모 집단을 사면하고 해산시키는 것으로 끝내려 했다. 그러나 여모 집단은 해산하지 않고 세력을 유지했다.

  천봉 5년(AD. 18) 정월 형주의 목牧인 비흥費興이 황제인 왕망을 알현했는데, 도적이 발생하는 원인과 그 해결책을 말했다.

> 형주와 양주(揚州 : 현재의 강소성 남부에서 강서성에 이르는 지역)의 백성들은 대개 산택山澤에 의지하여 물고기를 잡고 소채蔬菜를 채취하는 것을 업으로 삼고 있습니다. 근래에 나라에서 육관을 펼치면서 산택에도 세금을 부과하여 백성의 이익을 빼앗고 연이어 몇 년 동안 가뭄이 들어 백성들은 굶주리고 궁색합니다. 그래서 도적이 되었습니다.
> 저 비흥이 형주로 돌아가서 도적들에게 전리田里로 돌아가도록 분명히 밝히고 쟁기와 소, 종자와 식량을 빌려주고 세금을 너그럽게 하여 주어 (저들이) 흩어져서 편안히 살 수 있게 해주소서.

  왕망은 오히려 화를 내며 비흥을 파면했다.

이 해에 산동 지방 등 중국 동부에 기근이 나 곳곳에서 농민이 봉기했다. 왕망 정권의 실정으로 유망하는 농민이 모체가 되어 농민반란이 일어났는데, 대개 100명 정도의 소집단으로 시작해 상호 연락, 결집하니 그 수가 1년 안에 수만 명 규모로 커졌다. 이 가운데 낭야군 출신의 번숭樊崇을 지도자로 하는 집단이 급격히 성장해 수만을 헤아리게 되었다. 번숭은 스스로를 삼로三老라 칭했다. 장군이 아닌 향촌 지도자인 삼로를 칭한 것은 새로운 권력을 창출하려는 의도가 없다는 것을 뜻했다.
【장군은 황제의 상벌권을 위임받아 절대 권력을 행사하는 존재이다. 그러므로 장군을 칭하는 것 자체가 새로운 권력을 세우겠다는 반란 선언이 된다.】

천봉 6년(AD. 19) 왕망은 탐탕후探湯侯 전황田況에게 번숭 집단을 진압하라 했지만 전황은 이기지 못했다. 번숭 등 여러 농민 봉기군 집단은 서주와 청주 방면으로 돌아다니며 약탈을 했다. 굶주린 이들은 사람을 사냥해서 식인도 자주하고 시체도 뜯어 먹었다. 절망적인 기아로 대규모 식인 사태가 난 것도 농민 봉기를 부추겼다. 봉기군에 들어가야 사냥감이 되어 잡아 먹히는 것을 피할 수 있었기 때문이다. 이러니 이때 농민 봉기군은 대개 가족 단위로 구성되었다.

지황地皇 원년(AD. 20) 강하군江夏郡 운두현雲杜縣 녹림산綠林山을 중심으로 농민 봉기가 났는데 이들을 녹림병綠林兵이라 했다. 지도자는 남양군 신시新市 출신의 왕광王匡, 왕봉王鳳, 그리고 남군南郡의 장패張覇, 강하군의 양목羊牧 등이었다. 처음 녹림병은 수백 명 규모였지만 수개월 만에 7~8천으로 불어났다.

이 해 가을 왕망은 먼세불패萬世不敗의 왕업王業을 천하에 과시하기 위해 조상의 종묘를 짓기 시작했다. 비용이 수백만 전이 들고 건축 과정에 수만 명이 사고로 죽을 정도로 엄청난 규모의 공사였다. 왕망은 즉위 직후 천하의 안정을 위한다며 종묘 축조를 연기했었다. 그러던 왕망이 곳곳에서 민란이 나고 있는 때 조상신의 주력呪力으로 난국을 타개하겠다는 억지를 부린 것은 위정자로서의 자질이 함량 미달임을 여실히 보여준 일이었다.

지황 2년(AD. 21) 왕망은 태사太師 경상景尙과 갱시장군更始將軍 왕당王堂을 보내 번숭 집단을 공격하게 했으나 경상은 패사했다. 왕망의 녹림병 진압령에 형주목은 2만 병력을 동원했지만 대패했다. 이 해에 녹림병은 5만 여의 대집단으로 세력이 커졌다.

이러한 농민 봉기군 집단은 굶주림을 못 이겨 일어난 것이지 왕조 타도를 목적으로 하지는 않았다. 이들은 풍년이 들면 고향으로 돌아갈 생각으로 그저 식량을 획득할 목적으로 활동했다. 관군이 와도 격파해 그 물자를 빼앗을 뿐이지 장군이나 목 등 고위관료는 죽이거나 생포할 수 있어도 하지 않았다. 그러므로 군도 수준의 농민 봉기군 집단은 사면하고 회유해 해산시킬 수 있었는데도 왕망은 쓸데없이 강경진압을 지시했다.

한나라 부흥 가능성에 공포를 느낀 왕망은 한 무제와 소제의 사당을 파괴했다. 또한 한 고조 유방이 자신을 꾸짖는 꿈을 꾸고는 고조 사당에 호분무사虎賁武士를 보내어 도끼로 문을 부수고는 복숭아 즙을 뿌리고 – 복숭아 즙은 중국 민간신앙에서 귀신을 좇는 힘이 있다고 한다 – 채찍으로 벽을 치게 했다. 이는 왕망이 자신의 정통성에 자신감을 잃은 것을 보여주는 일이었다.

지황 3년(AD. 22) 관동關東에 대기근이 나 사람들이 서로 잡아먹었다. 관동에서 관중으로 몰려 온 유민이 수 십 만이었다. 왕망은 이들 굶주린 백성들에게 식량을 제공하도록 했으나 담당 관원이 착복해 10 가운데 7내지 8이 아사했다. 전염병도 돌았는데 이 때문에 녹림병의 절반이 죽었다. 그 결과 생존한 무리는 하강병下江兵과 신시병新市兵으로 갈라졌다.

> **관동關東**
>
> 중국 산동성, 하북성과 하남성, 그리고 북경 일대를 포함하는 개념이다. 북으로는 만리장성, 남으로는 진령秦嶺 산맥, 서로는 태항泰行 산맥에 이른다.

四月 왕망은 태사 왕광과 갱시장군 염단廉丹을 관동으로 보내어 번숭 등 여러 농민반란 집단을 토벌하도록 했다. 번숭 집단은 토벌군이 온다는 소식에 눈썹을 붉게 물들여 진압군과 구별했다. 이후 번승 집단은 적미(赤眉 : 붉은 눈썹)라 불리었다.

왕광과 염단이 지휘하는 10만 군사는 가는 곳마다 노략질을 해 민심이 크게 이반했다. 특히 갱시장군 염단이 지휘하는 부대의 만행이 심했다. 그리하여 백성들 사이에 다음과 같은 말이 퍼졌다.

> 차라리 적미를 만날지언정 태사(왕광)를 만나지 말아야 한다. 태사는 그래도 좋지만 갱시(염단)는 나를 죽일 것이다.

七月 신시병이 오늘날 호북성의 수주시인 수현隨縣을 공격하자 이에 호응해 인근의 평림平林 사람인 진목陳牧과 요담廖湛이 무리 1천을 모아 평림병이라 자칭했다. 평림병이 일어나자 남양군의 호족 유현劉玄이

가담했다. 유현은 평소 빈객과 협객을 좋아햇는데 이때는 법을 어겨 평림에 피신하고 있었다.

유현은 남양 출신인데 선조는 경제의 여섯째 아들인 장사왕長沙王 유발劉發이다. 유발의 증손자 용릉후舂陵侯 유인劉仁은 원제 초원初元 4년(BC. 45) 남양군 백수향白水鄉에 정착했다. 이후 그 자손은 남양군의 토착 명족이 되었다. 유현은 유인의 아우 유리劉利의 손자로 경제의 6대손이 된다.

十月 역시 남양 유씨인 유연劉演과 유수劉秀 형제가 남양군의 여러 호족을 규합해 거병했다. 유연과 유수는 용릉후 유인의 숙부 유외의 증손자로 역시 경제의 6대손이 된다.

당시 각 지방의 호족은 대토지 소유자로 동족을 결집하고 빈객을 부양했다. 토지를 소작인에게 경작시키거나 상업이나 고리대로 부를 쌓았다. 전국시대부터 명족인 가문도 있었으나 대개 경제적 자유방임을 허용한 한나라에서 성장해 호족이 된 경우가 대부분이었다.

한 제국의 호족은 무제 치세에는 혹리의 탄압을 받았으나 이후에는 지방 군현의 하급관리가 되는 경우가 많았고 이어 중앙의 관료로 진출했다. 신나라를 건국한 후 왕망이 실시한 여러 정책은 호족에게 매우 불리했다. 남양군의 여러 호족에게 한나라의 부흥은 그들의 이해관계에 부합하는 일이었다.

유연은 동족인 유가劉嘉를 신시병과 평림병에게 보내어 연합할 뜻을 밝혔다. 이에 호족과 농민군이 결합이 이루어졌다. 이에 따라 평림병에 가담한 유현도 유연·유수 형제와 합세하게 되었다. 이들은 조양현棗陽縣을 함락하고 남양군의 치소인 완성宛城을 공격하려 했다.

十一月 유연과 신시병, 평림병이 완성을 공격하러 소장안小長安에 도착했을 때 진부甄阜와 양구사梁丘賜가 지휘하는 왕망의 진압군과 마

주쳤다. 이 교전에서 유씨 측은 참패해 유연의 여동생인 유원劉元과 아우 유중劉仲이 전사하고 유연과 유수 형제는 간신히 목숨을 건졌다.

이 패전으로 신시병과 평림병은 해산하려는 움직임을 보였는데 유연은 하강병과의 연합으로 난국을 타개하려 했다. 유연이 유수 등을 보내어 "하강병의 현명한 장수 한 사람을 만나 대사를 논의하고 싶다"는 말을 전하자 하강병의 지도자 성단成丹과 장앙張卬은 왕상王常을 보냈다. 유연은 왕상을 만나자 한실漢室 부흥에 협조할 것을 제시하며, 성공하면 과실을 혼자 누리지 않겠다고 약속했다. 왕상은 이에 동의했는데, 성단과 장앙은 자신들의 독립성을 잃을까 두려워 "대장부가 이미 일어났으니 스스로 주군이 되어야 마땅하지 어찌 다른 사람의 명을 받겠는가?"라며 반대했다. 이에 왕상이 여러 장수들을 차근차근 설득했다.

이전 성제와 애제 치세 때 (국운이) 쇠미하고 후사가 없었기 때문에 왕망이 그 틈을 타 제위를 찬탈하였다. 그가 천하를 차지한 후 정령政令이 가혹하여 계속 백성의 마음을 잃었으므로 백성들이 한나라를 그리워하여 노래한 것이 어제 오늘의 일이 아니다.
이 때문에 우리들이 일어날 수 있었던 것이다.
무릇 백성이 원망하는 자를 하늘은 떠나며 백성이 사모하는 자를 하늘은 지지한다.
큰일을 일으킬 때는 반드시 아래로는 민심에 순응하고 이로는 하늘의 뜻에 부합해야 성공할 수 있다. 만약 자신의 강함과 용기만 믿고 감정에 따라 멋대로 욕심을 부리면 설령 천하를 얻는다 해도 반드시 다시 잃고 만다. 진나라와 항우 같은 큰 세력도 뒤집혀 사라지고 말았는데, 하물며 지금 우리처럼 포의布衣들이 풀밭과 소택沼澤에 모여 있는 집단이야 말할 필요가 있는가. 이는 멸망의 길이다.
지금 남양의 유씨 종족이 모두 병사를 일으켰는데, 우리를 찾아와 의논한 사람들을 보건대 모두 깊은 뜻과 계책이 있어 왕공王公의 재목이다. 이들과 합하면 반드시 큰 공을 이룰 것이니, 이는 하늘이 우리를 도와주는 것이다.

왕상의 조리 있는 말에 하강병의 장수들은 – 하강병의 장수들은 적미 집단과 달리 장군을 칭했다 – 호족인 유씨 집단을 따르기로 했다.

왕상의 말처럼 군도 생활은 미래가 없는 것으로 결국 멸망할 뿐이었다. 이에 비해 천자가 될 재목을 가진 자를 주군으로 섬겨 제업 성취를 도우면 개국공신이 되어 부귀영화를 누릴 수 있다. 하강병 같은 농민군 같은 집단에게는 해산해서 귀향해 이전처럼 농민으로 돌아가는 길도 있었다. 그러나 부득이 고향을 떠났을지라도 약탈, 성폭행 등으로 욕구를 채우며 얽매인 것 없이 멋대로 빈둥거리는 생활이 몸에 밴 자들이 불충분한 수확과 각종 공동체적 속박이 있는 예전 농민의 삶으로 돌아간다는 것은 불가능에 가까웠다. 군도 생활은 향락산업에 종사하는 것과 비슷하게 사람을 나태하게 만든다. 성공할 가능성이 큰 반란에 참여하는 것이 현명한 선택이었다.

유씨 집단은 하강병을 끌어들여 5천 병력을 확보했다.

이 해 겨울 성창(成昌 : 현재의 산동성 동평현 동쪽)에서 태사 왕광과 갱시장군 염단이 지휘하는 10만 군사와 적미 집단의 대전투가 벌어졌다. 적미 집단은 염단을 전사시키는 등 대승을 거두었다. 이 승전 후 적미 집단은 10여 만으로 팽창했다. 빈궁한 농민 가운데는 처자를 거느리고 적미 집단에 가담하는 경우가 많았다.

왕망은 대사도 왕심王尋에게 십만이 넘는 군사를 이끌고 낙양에 주둔하도록 했다.

왕망의 최후

지황 4년(AD. 23) 정월 유씨 부대는 진부와 양구사가 지휘하는 왕망의 진압군을 야습해서 대파해 수만을 죽였다. 이어 엄우(장우)와 진무가 지휘하는 왕망의 군사마저 격파했다. 이후 유씨 집단에 가담하는 농민이 많아져 군사가 10만이 넘게 되었다.

거대 세력으로 성장한 호족 집단과 농민의 연합군은 한 왕조 부흥이라는 거병 목적을 위해 조직과 질서를 새로이 갖추어야 했다. 여러 지도자들이 누구를 황제로 추대하느냐의 문제로 회의를 열었다. 회의에서 남양의 호족과 하강병의 왕상은 유연을 추천했고, 신시병의 지도자 왕광, 평림병의 지도자 진목 등은 유현을 추천했다. 신시병, 평림병, 하강병의 지도자들은 품성이 유약해 조종하기 쉬운 유현을 황제로 추대하기로 미리 정한 상황이었다.

이에 유연은 다음과 같이 제안했다.

> 여러 장군들이 다행스럽게도 유씨 종실을 높이 세우려고 하니 몹시 후덕하다. 그러나 적미가 청주와 서주에서 일어났고 그 무리가 10만 명이니 남양에서 종실 사람을 세운다는 소문을 들으면 필시 적미도 황제를 세울까 걱정이다. 왕망이 아직 멸망하지 않았는데도 종실끼리

서로 공격하게 된다면 천하 사람들이 의심할 것이며, 스스로 권력을 덜어내는 것이니 이는 왕망을 격파하는 방법이 아니다.
(우리의 세력 범위인) 용릉에서 완성까지는 300리 정도일 뿐인데 갑자기 스스로를 높여 황제가 되면 천하 사람들의 표적이 될 뿐이고, 뒤따르는 사람들에게 우리의 피폐함을 이어받게 하는 것이니 훌륭한 계책이 아니다.
 왕이라고 칭하고 호령하는 것만 못한데 왕의 세력도 충분히 여러 장수의 목을 벨 수 있다. 지금은 잠시 왕만 세우고, 적미의 황제가 현자라면 그에게 복속하고 그렇지 않으면 왕망을 쳐부수고 적미를 항복시킨 후 황제를 세워도 늦지 않다.

 이 말에 대부분이 수긍했으나 장앙이 칼을 빼어 땅에 내리꽂으며 "이는 소용없는 일이다. 오늘 같은 회의는 두 번 해서는 아니 된다"고 위협했다. 이에 유현이 황제로 추대되었다. 유현의 황제 추대는 농민군 세력이 유연을 지지하는 호족 세력을 압도했음을 뜻했다.
 二月 초하루 유현은 황제 즉위식을 거행했다. 연호는 갱시更始라고 하여 한 왕조의 부흥을 선언했다. 유현은 흔히 갱시제라 한다.
 농민군에 의해 선출된 갱시제 유현은 끝내 그 한계를 벗어나지 못했다. 관직 수여를 보더라도 농민군 지도자들이 대사마, 대사공 등 최고위직을 차지하고 남양 호족들은 대사도가 된 유연을 제외하고는 장군 이하의 관직을 받았다. 훗날 광무제가 되는 유수는 편장군偏將軍 직을 받았다.
 왕조 체제를 갖춘 갱시제 정권은 곧장 영역 확장에 나섰다.
 三月 편장군 유수가 북진해서 곤양(昆陽 : 현재의 하남성 업현 남쪽 소재), 정릉(定陵 : 현재의 하남성 무양현 북쪽 소재), 언(鄢 : 현재의 하남성 언성현 남쪽 소재)을 공략했다

한편 엄우와 진무의 패전에 놀란 왕망은 42만 병력을 낙양에 모이게 했는데, 四月이 되자 낙양에 집결했다.

五月 갱시제 정권의 대사도 유연이 완성을 공격했다.

왕망은 대사공 왕읍과 대사도 왕심이 42만이라는 대군을 지휘해 갱시제를 치도록 했다. 곤양은 낙양에서 완성으로 가는 길목에 있는데, 유수는 1만이 안 되는 병력으로 곤양을 지키고 있었다.

왕읍과 왕심이 지휘하는 대군이 곤양을 포위하자 성을 지키는 수비병들이 두려워했다. 유수는 이들을 격려하고 밤에 기마 13기를 이끌고 성을 빠져나가 정릉과 언의 수비병 3천을 소집해 적의 본영을 급습했다.

유수가 직접 지휘한 선두 부대의 1천여 명은 왕망의 군대와 4, 5리 떨어진 곳에 진을 펼쳤는데, 왕심은 병력 수천 명을 보내어 공격했다. 유수는 선두에서 칼을 들고 적진으로 돌격하여 천여 명의 적을 죽이고 왕망의 군대를 물리쳤다.

이후 유수는 완성이 이미 함락되었다는 소문을 퍼뜨렸다. 이에 성내의 수비병들은 사기가 올라갔고 왕망의 군대는 사기가 흔들렸다. 이어서 유수는 3천 결사대를 이끌고 비밀리에 곤수를 건너 왕망의 군대 측면과 후방으로 우회하여 강습, 왕망군의 본진을 강습했다. 왕읍과 왕심은 바로 각 부대에 위치를 사수하게끔 명령하고 스스로 만 명의 군대를 이끌고 응전하였다. 양군이 격전을 벌이는데 유수가 이끄는 정예 부대가 용맹하게 싸워서 왕읍, 왕심의 본영은 열세에 몰렸는데, 각 주둔병은 왕읍이 움직이지 말라고 명령하였으므로 아무도 구원하러 가지 못했다. 결국 왕망군의 본영은 붕괴되고 왕심은 전사했다. 여기에 곤양의 수비군까지 출성하여 공격하니 왕망의 군은 협공에 당황하여 뿔뿔이 흩어져 도주했다. 폭우가 내려서 불어난 강물에 익사한 자가 1만이 넘었다. 왕읍은 겨우 수천 명만을 데리고 낙양으로 도주할 수 있었다.

향리로 돌아간 병사들이 이 패전을 널리 알리자 각지에서 반란을 일으켜 천자를 자칭하는 자가 여럿이었다.

곤양 전투 후 유연 유수 형제의 위망이 급격히 올라가자 갱시제 정권에서 농민군 지도자 출신들은 갱시제를 사주해 대사도 유연을 죽였다.

곤양의 패전에 대사마 동충董忠은 위장군衛將軍 왕섭王涉, 국사공國師公 유흠과 왕망을 암살하고 갱시제에 투항할 것을 모의했다. 왕섭은 왕망에게 대사마·대장군 직위를 물려준 왕망의 숙부 왕근의 아들이다. 七月 밀고로 기밀이 누설되었고 왕망은 동충과 그 가족을 몰살했다. 왕섭과 유흠은 자살했다. 왕망은 왕읍을 대사마에, 최발崔發을 대사공에 임명했다.

갱시제 정권의 성세에 왕망은 당혹하여 어찌할 바를 몰랐는데 대사공 최발이 『주례』와 『춘추좌씨전』을 인용해 건의했다.

> 옛날에는 나라에 큰 재앙이 있으면 통곡을 하여 이를 눌렀습니다. 마땅히 하늘에 대고 구원해달라고 요청해야 할 것입니다.

이는 이른바 염승(厭勝 : 주술을 써서 불리한 일을 제압하는 것)이다. 궁지에 몰린 왕망은 이 어처구니없는 제안을 받아들였다. 왕망은 여러 신하들을 거느리고 남교(南郊 : 수도 남쪽 교외에 위치한, 하늘에 제사를 지내는 곳)에 가서 자신이 여러 부명을 받았던 일을 진술하고 하늘을 우러러 대성통곡했다. 유생과 백성에게도 아침저녁으로 모여 곡을 하게 했는데, 곡을 슬프게 잘 하는 자를 낭관으로 임명하니 그 수가 5천이 넘었다.

왕망은 정권 획득 과정에서는 능수능란함을 보였지만 국정 운영에서는 전혀 현실감이 없음을 입증했는데, 말기로 갈수록 주술에 의존하는 모습을 보였다. 더구나 하늘의 계시라는 부명은 스스로 조작하거나 포상을 바라는 자들이 지어낸 것인데도 이를 믿는 심각한 자기기만과 자기최면 상태에 빠져 있었다. 【요즈음은 부명들 조작하는 대신 여론조사를 조작한다.】

왕망은 장군 아홉 명을 임명해 각각 호랑이라 부르고 북군의 병사 수만을 지휘해 반란군을 공격하게 했다. 이들의 처자는 모두 인질로 잡았다.

남향(南鄕 : 하남성 내향현 서북에 위치)에서 거병한 호족 등엽鄧曄과 우광于匡은 화음(華陰 : 현재의 섬서성 화음현)에서 왕망의 아홉 장군을 격파했다. 등엽과 우광은 관중으로 들어가는 관문인 무관武關을 점령했다. 갱시제의 군사가 오자 이들을 영접했다. 왕망의 수도인 장안 인근에서도 농민과 호족이 한나라 장군이라 일컬으며 반란을 일으켰다.

왕망은 장안의 죄수들을 석방해 무장시키고 돼지피를 마시게 하면서 맹세하도록 했다.

> 만약에 신 왕실을 위하지 않는 자가 있다면 사귀(社鬼 : 저승의 지배자)가 이를 기억할 것이다.

왕망은 자신의 장인인 갱시장군 사심史諶이 이들을 지휘하도록 했다. 이들은 위교(渭橋 : 장안성 북쪽 교외에 있는 위수渭水의 다리)를 건너자마자 흩어져 달아났다. 왕망은 그토록 귀신의 힘을 믿었지만 그 허구가 다시 한번 드러났다.

九月 초하루 무신일 이반한 병사들이 장안성으로 진입했다. 왕망의 충신 왕읍, 왕림王林, 왕순王巡 등이 군사를 나누어 거느리고 저항했다. 2일 장안성에서 전투가 계속 벌어졌는데, 장안성 주민이 미앙궁에 불

을 질렀다. 왕망은 불을 피해 선실宣室의 전전殿前으로 피신했다. 평제의 황후였던 왕망의 딸은 "무슨 낯으로 한 왕실 사람들을 볼 것인가"말하고는 스스로 불에 뛰어들어 죽었다.

3일 날이 밝자 여러 신하들이 왕망을 부축해 점대(漸臺 : 미앙궁에 있는 사방이 물로 둘러싸인 건물)로 갔다. 수행하는 관원이 1천을 넘었다.

대사마 왕읍은 밤낮으로 전투하여 몹시 피로했고, 군사들도 죽고 다쳐 대부분 소진되었으므로 말을 타고 미앙궁으로 들어가 여러 곳을 돌다가 점대에 이르렀다. 아들인 시중侍中 왕목王睦이 의관을 벗어던지고 도주하는 것을 보자 꾸짖어 돌아오게 하고는 부자가 함께 왕마을 지켰다.

왕망이 점대에 있다는 소식에 군중과 병사들이 몰려와 수십 겹으로 포위했다. 활과 노弩로 치열한 공방전이 벌어졌는데 화살이 떨어지자 전투는 백병전이 되었다. 왕망을 지키던 군사들은 거의가 죽었다.

오후 4시 경 상현商縣 사람 두오杜吳가 왕망을 찔러 죽이고 왕망이 가지고 있던 새수(璽綬 : 옥새와 인수)를 탈취했는데, 자신이 왕망을 죽인 줄을 몰랐다. 교위 공빈취公賓就가 새수를 보고 시체가 어디 있는지 물었다. 공빈취는 곧 왕망의 목을 베었다. 병사들이 몰려와 시체를 마디마디 해체하고 살을 도려냈다. 왕망의 머리는 완성으로 보내져 효수(梟首 : 죄인의 목을 베어 높은 곳에 매다는 것)되었다.

왕망의 어처구니없는 실패는 그가 제위를 찬탈하기까지 보여준 능수능란한 술수에 비춰보아 뜻밖의 일로 보일 수 있다. 그러나 그토록 효율적으로 인적·물적 자원을 동원해 중국을 통일한 진 제국도 만세를 갈 것을 바라던 시황제의 소망에도 불구하고 그의 사후 불과 4년 만에 멸망했다. 그만큼 나라를 잘 다스리기는 어려운 일이다.

왕망의 여러 정책을 흔히 '유교적 복고주의'에 입각한 것이라고 말한다. 그러나 엄밀히 말해 그의 모든 정책은 진의 제민지배 체제를 복구하려는 것이었다. 그리하여 전제 황제권의 토대를 튼튼히 구축하여 자손만대 부귀영화를 누리려는 것이었다. 진의 예에서 보듯이 제민지배 체제는 오래갈 수 없는 것이었다. 자질이 뛰어난 군주였던 시황제마저 포기한 제민지배 체제를 속임수로 권력 탈취하는 재주만 뛰어난 왕망이 구현할 수는 없는 것이었다. 왕망의 '개혁'은 부작용만 낳았다.

왕망의 실패 원인은 다양하지만 대략 두어 가지로 나누어 풀이할 수 있다.

첫째 군주의 기본 의무조차 명확히 인식하지 못했다. 다시 말해 군주가 되어 무엇을 해야 하는지를 몰랐다. 성장 과정이나 받은 교육을 보면 왕망은 유자儒子였다. 본래 유자는 치자의 도리를 익힌 자로 공익 개념에 투철해야 한다. 왕망은 속유俗儒였을 뿐이다.

현대에서는 사적 이익만 추구하는 지식인을 '지식 기사知識技士' '어용 지식인' 등 여러 가지로 부르며 야유하지만, 이러한 유형의 지식인이 언제나 다수인 것이 인간 세상이다. 개별적으로는 참다운 지식인이 있으나 진리 탐구가 아닌 권력만 탐하는 지식인 집단은 지적 장애인 집단이 되기 일쑤다. 이런 엘리트 집단이 최고 권력을 장악했을 때 문제점을 왕망 정권이 잘 보여주었다. 권력 장악은 술수(꼼수)로 가능하지만 권력 유지는 업적을 세워야 가능한 것인데, 왕망은 술수와 속임수로 버티려 했다.

왕망 정권의 단명에 대해 기근 등 계속되는 자연재해 탓으로 돌리고 그것이 없었다면 장기지속도 가능했을 것이라는 주장도 있다. 그러나 왕망은 자연재해로 민이 고통을 겪어도 적극적으로 구휼대책을 세워 극복하려 하지 않고 번번이 하늘의 운수 탓으로 돌렸다. 【전왕조 탓을 하지

않은 이유는 알 수 없다.】

 술수에 뛰어났고 공작정치에 능했지만 왕망은 국정운영에서 철저한 무능력자였다. 국정 실패를 하늘의 운수 탓으로 돌린 것은 국정에 무능한 것을 남 탓으로 돌리는 자기기만이기도 했다.

 둘째, 관료와 지식인의 사익을 보장해 전폭적인 지지를 얻어 제위에 올랐으므로 이들의 이익을 늘 고려해야 했다. 왕망의 신경제정책은 결국 계획경제로 가는 것이었는데 이에 성공하려면 유능하고 깨끗한 관료 조직이 있어야 한다. 전한 말의 관료는 전반적으로 매우 부패했다. 이들은 각종 정책을 악용해서 사익을 챙겼다. 왕망은 정책의 성공을 위해 부패한 관료를 물갈이 하지 못했고 이들의 사익에 반하나 민생에 도움이 되는 정책을 적극 추진하지도 못했다. 이 때문에 정권의 장기 지속에 필요한 민의 지지를 얻지 못했다.

 왕망은 집권 과정에서 공작 정치와 술수, 포장에 능한 법가적인 모습을 보여주었다. 유가와 법가가 융합하는 등 제자백가의 여러 사상이 서로 영향을 주고받는 현상은 일찍이 시작되었다. 그 결과 순수 유자라 할 수 있는 이는 거의 없었다. 왕망이 제대로 법가 사상을 이해했으면 비참하게 멸망하지 않고 상당한 성과를 낼 수도 있었을 것이다. 법가는 권력이 업적을 내야한다는 것을 명확히 인식했고 이를 위해 관료를 상벌을 통해 효율적으로 부려야 한다고 강조하는데, 왕망은 관료를 활용하지 못하고 의존하다가 실패했다.

 국가 발전을 위해 제도 개혁이 필요하기도 하지만, 그 성공은 매우 어렵다. 국정운영 능력이 따라주지 못하면 부작용만 낳는다. 독일 바이마르 공화국 시절 독일 군부를 대표하는 장군이었던 쿠르트 함머슈타인 (Kurt Gebhard Adolf Philipp Freiherr von Hammerstein-Equord,

1878~1943)의 장교 분류는 지도자의 리더십과 관련지어 생각해볼 수 있다.

> 니는 (장교들을) 네 **부류**로 나눈다. 머리 좋은 장교, 부지런한 장교, 어리석은 장교, 게으른 장교가 있다. 장교 대부분은 두 가지 성격을 갖추고 있다.
> 머리 좋고 부지런한 장군들이 있다. 이들은 참모본부에 있어야 한다.
> 그 다음으로는 어리석고 게으른 장교들이다. 이들은 모든 군대에서 90%를 차지하는데, 일상적 업무에 적합하다.
> 머리 좋고 동시에 게으른 자는 최고사령관 직무에 적합하다. 왜냐 하면 어려운 결정을 내리는데 필요한 지적 총명과 평정심을 보유한 때문이다.
> **동시에 어리석으며 부지런한 자는 경계해야 한다. 이런 자들에게는 책임을 지는 일은 어떠한 것이라도 맡겨서는 안 된다. 왜냐하면 이들은 언제나 재앙만 초래하기 때문이다.**
>
> Ich unterscheide vier Arten. Es gibt kluge, fleißig, dumme und faule Offiziere. Meist treffen zwei Eigenschaften zusammen.
> Die einen sind klug und fleißig, die müssen in den Generalstab.
> Die nächsten sind dumm und faul; sie machen in jeder Armee 90% aus und sind für Routineaufgaben geeignet.
> Wer klug ist und gleichzeitig faul, qualifiziert sich für die höchsten Führungsaufgaben, denn er bringt die geistige Klarheit und die Nervenstärke für schwere Entscheidungen mit.
> Hüten muss man sich vor dem, der gleichzeitig dumm und fleißig ist; dem darf man keine Verantwortung übertragen, denn er wird immer nur Unheil anrichten.

어리석고 부지런한 자가 최고 권력자가 되면, 그런 집단이 집권하면 그 폐해는 이루 말할 수 없다. 의욕적으로 이것저것 일을 벌이는데, 벌이는 일마다 문제앙이 되고 사고가 난다.

자멸하는 갱시제

왕망이 피살될 무렵 갱시제의 군사는 왕광과 애장이 지키고 있는 낙양을 함락했다.

十月 갱시제는 낙양으로 천도했다. 갱시제는 유수에게 하북 평정을 명령했다. 신시병과 평림병 출신의 여러 장수들은 유수가 이 임무를 맡는 것을 반대했다. 그러나 대사도 유사劉賜가 유수를 추천하여 유수는 군을 이끌고 출병하여 신상의 위험을 피할 수 있었다.

적미 집단은 왕망이 몰락하고 한나라가 부흥하는 듯하자 더 이상 군도 생활을 지속하기 어렵다는 것을 알았다.

갱시제가 사자使者를 보내 귀순을 요구하자 적미 집단의 영수인 번숭은 고달픈 군도 생활을 명예롭게 끝낼 가능성을 타진하려 지도부 20여 명만 데리고 낙양의 갱시제를 찾아갔다. 이들이 낙양에서 목격한 황제 유현은 진명천자(眞命天子 : 천명을 받은 참된 천자)가 아닌 소농민 군도의 수령이었다. 유현은 호족 출신이었지만 사대부가 아닌 신시병, 하강병 등 군도에 의해 추대된 천자였고 인품도 행실도 군도의 수령 그 수준이었다.

낙양 조정에서는 본래 어중이떠중이 장사치 출신이거나 무지렁이 농민 출신들이 벼락출세를 하여 고위 관직을 차지하고 주색잡기에 몰두하는 등 온갖 추태를 연출하고 있었다. 번숭 등은 황제 유현에게서 보통 사람과 다른 어떤 신비적인 요소도, 뛰어난 인품과 재능 보지 못했다. 번숭 등은 열후로 책봉되었지만 이는 봉읍이 없는 형식적인 것에 불과했다.

이때에도 굶주려 군도가 된 농민들의 식인은 여전했다. 유평劉平의 효행 이야기는 이때 얼마나 식인이 많았는지 잘 보여준다.

> 갱시제 때 천하에 대란이 일어나자, 유평은 어머니와 함께 늪지대로 가서 숨어 지냈다.
> 유평이 아침에 먹을 것을 구하러 나갔다가 굶주린 도적에게 붙잡혔다. 도적들이 그를 삶으려 하자 유평은 머리 숙여 말하기를 "오늘 아침 노모를 위하여 나물을 뜯으러 나왔습니다. 어머니께서 저를 애타게 기다리고 계실 겁니다. 바라건대 먼저 돌아가서 어머니께 먹을 것을 드리고 난 뒤 돌아와 죽게 해주십시오." 하면서 흐느껴 울었다.
> 도적뜰은 그의 효성스러움을 보고 불쌍히 여겨 보내주었다.
> 유평이 돌아와 어머니께 먹을 것을 드린 뒤에 "도적들과 약속을 했습니다. 의리상 속일 수 없습니다." 라고 하고 도적들에게 돌아왔다. 도적의 무리가 크게 놀라 서로 말하기를 "열사(烈士)가 있다는 말은 들었지만, 이제 실제 인물을 보게 되었습니다.
> 선생은 돌아가시오. 우리들은 차마 선생을 먹을 수 없습니다." 라고 했다. 이에 유평은 생명을 보존할 수 있었다.
> (『후한서 後漢書』 「권 39 유평 열전」)

갱시 2년(AD. 24) 二月 갱시제 유현은 낙양에서 다시 장안으로 천도했다. 유현은 관직을 남발했다. 요리사에게도 관직을 주어 "부엌에서 불 피울 줄 알면 중랑장中郞將, 양羊의 위를 구우면 기도위騎都尉, 양의 머리를 구우면 관내후關內侯"라는 빈정거리는 노래가 유행했다.

장안에서도 조정은 난장판이었다. 군도 출신의 장군들은 장안과 인근 주민을 상대로 재물을 약탈하기 일쑤였다. 주색에 빠진 유현은 군도 시절의 구태를 버리지 못하고 장군들에게 얼마나 노략질했느냐는 질문을 해 왕망 정권 시절부터 근무한 관리들을 경악시켰다.

사대부 출신의 관료들은 이러한 상황을 묵과할 수 없었다. 유생 출신의 이숙李淑이 법과 예를 모르는 공경公卿들을 물리칠 것을 제의했다. 이는 한 건국 초 숙손통이 국가 기강을 바로잡기 위해 한 것과 같은 일이었다. 그러나 이숙의 제안대로 한다면 신시병, 평림병, 하강병 출신들은 세력을 잃을 것이 뻔했다. 이숙은 투옥되었다. 정권의 천민적 성격을 탈피할 시도를 하지 않는 갱시제 정권의 운명은 정해진 것이었다.

번숭 등은 갱시제 집단에 실망에 실익 없는 열후 자리를 버리고 떠나 적미 무리로 돌아갔다. 이는 현명한 판단이었으나 이때 적미 집단은 와해될 위기를 맞고 있었다. 구성원들은 매일 일용할 양식 획득 이외에는 아무런 목표도 미래도 없는 생활에 지쳐 더 이상 전투할 의욕도 없고 눈물이나 훌쩍거리며 고향 생각만 하는 상태였다. 그렇다고 고향으로 돌아갈 수도 없었다. 사방은 갱시제 정권 이외에도 천자, 왕, 장군을 자칭하는 군웅과 군도로 가득 차 있었다. 적미 집단의 고향인 낭야군과 동해군도 할거 세력이 차지하고 있었다. 별다른 계획 없이 무작정 귀향하다가는 지친 무리가 중도에 흩어질 가능성이 큰데, 그리되면 다른 군도의 먹잇감이 되거나 살아 고향에 가더라도 지방관에게 탄압받을 것은 명약관화했다.

여기서 번숭은 결단을 내려 고향의 반대쪽으로 진격해 장안성을 점령한다는 '환상적인' 목표를 내세웠다. 이 계획은 장점이 있었다. 고향에서 더 멀리 떨어진 곳으로 가니 집단 구성원들이 개별적으로 무리를 이탈할 엄두도 내지 못할 터이고, 한 제국의 수도 장안 점령이라는 거창한 목표는 무리에 활력을 주어 단결시킬 수 있었다.

이 해 가을 적미 집단은 다른 농민반란 집단인 청독青犢·상강上江·대융大肜·수경銖脛·오번五幡 등의 농민 반란 세력과 합세해 두 부대로 나뉘어 장안으로 진격을 시작했다. 번숭이 지휘하는 부대는 영천군에서 남양군으로 진격해 완성을 점령하고 현령을 죽였다. 서선徐宣이 인솔한 부대는 영천군에서 하남군으로 진격, 하남 태수를 죽였다. 이때까지 적미 집단은 식량 약탈을 할 뿐 군현의 장관을 죽이지 않았는데, 권력 창출을 목표로 하니 행동양식이 그에 맞게 변한 것이다.

十二月 번숭이 이끄는 무리는 무관을 통해, 서선이 지휘하는 무리는 육혼관陸渾關을 통해 관중으로 들어갔다.

갱시 3년(AD. 25) 정월 적미 집단은 갱시제의 군사를 연거푸 격파하고 홍농군(弘農郡 : 하남성 영보현靈寶縣 서남에 위치) 홍농현에 집결했다. 이때 무리는 30만에 이르렀다. 여기서 체제 정비를 하여 1만 명씩 30영營으로 나누고, 1영마다 지도자를 두었는데 삼로라 했다.

왕망이 패망할 때도 정안공 유영은 장안에 살고 있었다. 정월에 방망方望과 궁림弓林이 무리 수천 명을 모아 장안 서쪽에 있는 임경(臨涇, 감숙성 진원현鎭元縣)을 근거지로 하고는 정안공 유영을 납치하여 황제로 추대했다. 갱시제 유현은 승상 이송李松, 토난장군 소무(蘇茂) 등을 보내어 공격했다. 유영을 비롯하여 주요 인사가 모두 참수되었다.

三月 적미 집단은 갱시제가 보낸 이송·주유朱鮪의 대군을 모향(菽鄕 : 현재 하남성 영보현 서남에 위치)에서 대파하고 서진하여 정현(鄭縣 : 현재의 섬서성 화현 북방에 위치)으로 들어갔다.

四月 촉을 지배하던 공손술公孫述이 천자로 즉위했다.

六月 적미 집단도 마침내 천자를 추대했다.

이는 무리에 있던 제齊 지역 출신의 무당이 성양城陽 경왕景王【외척인 여씨 일족을 멸하고 문제 옹립에 공을 세운 주허후朱虛侯 유장劉章을 말함】을 제사지내고 신탁을 받아 왕조를 건설해야 한다는 번숭에게 알려주었기 때문이었다.

　주허후 유장의 자손 가운데 적미 집단에 있던 자가 70여 명이었다. 이 가운데 혈연이 가까운 3인을 선발하여 제비뽑기로 천자를 세우니 15세의 유분자劉盆子였다. 유분자는 주허후 유장의 자손인 식후式侯 유맹劉萌의 아들로 적미 집단이 식(式 : 산동성에 소재) 지역을 통과할 때 형과 함께 사로잡혀 적미의 군중에서 소를 키우고 있었다.

　천자 즉위식이 거행되고 연호는 건세建世라 했다. 승상, 어사대부, 대사마 등 최고위 직은 번숭 등 적미 집단의 지도부가 도맡았다. 번숭은 글을 모르고 셈도 할 줄 몰랐으므로 승상이 되지 못하고 어사대부가 되었다. 현의 옥리 출신인 서선이 승상이 되었다. 천자 즉위식이 끝나자 유분자는 예전처럼 목동과 어울려 지냈다.

　적미 집단이 유분자를 천자로 추대한 六月, 유수도 자립하여 황제가 되었다. 그의 시호는 광무제光武帝이다. 연호는 건무建武라 했다. 유수는 하북으로 파견되어 1년이 조금 넘는 기간에 여러 군웅을 격파하고 농민 집단을 복속시켰다.

　왕망 말기의 농민 봉기는 생업을 잃은 농민의 저항이었다. 법을 어겨 노비가 된 자가 많았고, 몰락한 농민이 자녀를 노비로 파는 일이 많았다. 광무제는 군웅을 평정할 때마다 노비해방령을 발표해 이들을 구제하고 토지를 주었다. - 오랜 전란으로 주인 없는 토지가 많아졌다.

　유분자를 천자로 추대한 적미 집단은 서쪽으로 진격, 장안을 공격했다. 왕광과 장앙 등 군도 출신 장군들은 갱시제 유현이 무능해 가망이 없다고 보고 적미 집단에 투항해 장안 공격에 합세했다. 유현의 권력 기반은 신시병, 하강병 등이기 때문에 이들 지도자들의 이반은 갱시제 정권의 종말을 의미했다.

九月 적미의 대군이 장안에 입성했고 유현은 홀로 말을 타고 달아났다. 유현의 장수와 관리들은 적미 집단에 투항했다.

十月 유현은 어찌할 도리가 없어 적미 집단에 항복을 청하고 왕망에게서 얻은 황제의 새수를 바쳤다.

이 달에 광무제는 낙양에 입성해 수도로 정했다.

관중의 호족들은 갱시제 정권의 무능과 약탈에 질려 오히려 적미 집단의 장안 입성을 반겼다. 그러나 적미 무리의 장안 약탈은 그보다 더 심했다. 민심이 오히려 갱시제 시절을 그리워하자 十二月 번숭은 유현을 교살했다.

이후 적미 집단의 약탈은 더욱 심해졌다. 군도에 불과한 적미 집단은 형식적으로나마 왕조를 세웠지만 할 줄 아는 것은 살인, 방화, 강도질일 뿐 생산에 종사하는 인민을 지배하는 체제를 세울 노하우도 그럴 의지도 없었다.

광무제의 중국 통일

건무 2년(AD. 26) 정월 적미 집단은 궁궐을 불사르고 역대 한나라 황제의 능을 도굴해 장안을 떠났다. 약탈할 거리가 떨어졌기 때문이었다. 적미 무리는 관중을 전전하며 유구(流寇: 떠돌이 도적) 생활을 계속했다.

이러한 상황에서 각각 1만여 병력을 모아 스스로 지키고 있던 삼보(三輔: 장안과 인근의 수도권 지역)의 대성大姓과 호족은 유수, 연잠延岑 등 군웅과 연락 제휴하여 적미의 약탈을 막았다. 연잠은 한중(漢中: 섬서성 남부의 한수 상류 지역)에서 자립한 자이다. 처음 적미의 군사가 우세했으나 원군을 얻은 연잠에게 역습을 당해 10만여 병력을 잃었다.

유구 집단은 전투로 인한 병력 손실을 약탈로 재물을 얻으려는 최하층민의 유입으로 충당한다. 그러나 이제 관중에는 남은 주민도 얼마 없었고 약탈할 식량도 없었다. 관중의 도시에는 사람의 그림자도 보기 힘들었고 극소수 생존자들이 시체를 뜯어먹으려 배회하고 있었다.

건무 3년(AD. 27) 정월 적미 무리는 고향인 산동 지방으로 돌아가려 길을 떠났다. 아직도 그 수가 20만이나 되었다. 광무제는 귀향하는 적미 집단을 격멸하려 했다. 적미군은 광무제의 장수 등우鄧禹를 물리쳤으나 정서대장군征西大將軍 풍이馮異에게 패했다. 광무제는 서쪽으로의 퇴로를 막고 의양(宜陽: 하남성 의양현 동북에 소재)에서 대군을 거느리고 기다렸다.

의양에 이른 적미군은 그 수가 10여만 쯤 되었는데 지칠 대로 지친 데다가 식량도 없어 투항을 결심했다. 유분자의 형 유공劉恭이 대표로 가서 항복조건을 협상했다. 적미 집단의 지도부는 열후로 대우받기를 희망했다.

유공 : 유분자가 백만 무리를 이끌고 항복하려 합니다. 폐하
께서는 그를 어떻게 대우하려는지요?
광무제 : 그의 목숨만은 살려주겠네.

이는 무조건 항복 요구였다. 번숭은 선택의 여지가 없었다. 전투 능력을 완전히 잃은 적미군이 광무제의 군사와 교전하면 오직 대량학살만이 있을 뿐이었다. 번숭은 유분자, 서선 등 30여 명을 이끌고 가서 항복했다. 광무제가 음식을 마련하도록 해 굶주린 10만여 명이 포식했다.

다음날 아침 광무제는 대군을 진열해 낙수洛水에 나아가 유분자의 신하들을 참관시켰다. 이어 광무제는 유분자, 번숭 등과 대화했다.

광무제 : 자네는 마땅히 죽어야 할 것을 아는가?
유분자 : 죄는 죽어 마땅하오나 上께서 다행히 불쌍히 여
겨 용서해주시기를 바랄뿐입니다.
광무제 : 망나니 같은 놈, 종시에 너같은 바보는 없다.
(번숭 등에게) 항복한 것을 후회하지는 않는가? 짐은 이제
경들을 본영으로 돌려보내 군사를 정돈하게 하고, 북을 울려
서로 공격하여 승부를 내려한다. 억지로 복종시킬 생각은 없
다.
서선 : 신들은 장안 동도문을 나온 후 폐하께 귀의할 것을

군신이 상의하였습니다.
단지 백성들이 누릴 줄만 알고 먼저 계책을 세울 줄 몰라 그들에게 말하지 않은 것뿐입니다. 지금 이렇게 투항하고 나니 호라이 입을 빠져나와 자애로운 어머니 품에 돌아온 듯 참으로 기쁜데 어찌 한이 될 것이 있겠습니까?
광무제 : 경은 이른바 철중쟁쟁鐵中錚錚이로군. 평범한 무리 속에 뛰어난 자로다.

이어 광무제는 이렇게 말했다.

자네들은 크게 무도하여 지나는 곳마다 노약자들을 모두 죽이고 사직을 어려움에 빠지게 하고 우물과 부뚜막을 더럽혔다. 그러나 세 가지 잘한 일이 있다.
성읍을 공파攻破하며 천하를 돌아다녔으나 본처를 바꾸지 않은 일이 첫째로 잘한 일이다. 군주를 세우면서 종실에서 뽑았으니 둘째로 잘한 일이다. 다른 도적들은 군주를 세웠으나 위급해지면 그의 머리를 가지고 항복하여 공으로 내세웠다.
자네들만 홀로 군주를 (죽이지 않고) 보존하여 짐에게 귀부하니 그것이 셋째로 잘한 일이다.

광무제는 적미 집단의 지도부에게는 처자와 같이 살 집을 낙양에 마련해주고 토지를 2경(9 헥타르)씩 주었다.

광무제는 건무 6년(AD. 30)에 산동을 평정하고 건무 9년(AD. 33)에는 외효隗囂가 지배하는 농서隴西를 공략했다. 외효는 병사하고 뒤를 이은 아들 외순囂純이 이듬해 항복했다. 건무 12년(AD. 36) 광무제는 촉 지역의 공손술을 멸해 중국을 통일했다. 이후 광무제는 20년간 안정적 통치를 해 후한을 반석 위에 올려놓았다.

광무제의 성공은 왕망의 실패와 선명히 대비되는데, 인품의 차이가 이러한 결과를 빚은 것일 수도 있다. 왕망은 성인을 가장하고 천명을 조작하는 과정에서 심각한 자기기만, 자기최면에 빠졌다. 심각한 인지부조화로 왕망은 현실 문제를 직시하지 못하고 따라서 해결책도 마련하지 못했다. 그러나 광무제는 자신을 객관화해서 볼 줄 알았다. 농서를 공격할 때 전선의 장수 잠팽岑彭에게 편지를 보냈는데, 다음과 같은 구절이 있다.

> 사람은 족함을 알지 못하기 때문에 괴로워한다. 이미 농(隴 : 농서)을 얻었는데, 다시금 촉을 얻기를 바라고 있다. 군을 동원할 때마다 이 때문에 머리카락은 희어진다.

이 말에서 고사성어 득롱망촉得隴望蜀이 나왔다. 인간의 욕망이 한 없다는 것을 자기반성적으로 서술한 것이다. 많은 집권자들이 현실을 직시하지 못해 문제 해결에 실패한다. 광무제는 인간이 흔히 빠지기 쉬운 자기기만에서 벗어날만한 소양과 품성이 있었다.

유명한 조강지처(糟糠之妻 : 쌀지게미와 쌀겨를 같이 먹은 처, 즉 가난을 같이한 처) 일화도 광무제의 인품을 잘 보여준다.

누이 호양공주湖陽公主가 과부가 되어 광무제는 조정의 신하 가운데 배우자를 물색했다. 모두가 기혼이니 호양공주와 결혼하려면 이혼해야 했다. 호양공주가 강직한 송홍宋弘을 마음에 두고 있었으므로 광무제는 송홍을 인견해 마음을 떠보았는데, 호양공주가 병풍 뒤에 숨어 대화를 엿들었다.

> 광무제 : 속담에 귀해지면 벗을 바꾸고, 가멸하면 처를 바꾸는 것이

사람의 마음이라고 하는데 그렇지 않소? [諺言 貴易交, 富易妻, 人情乎?]

송홍 : 신은 빈천할 때 벗은 잊어서는 아니 되고, 가난을 같이 한 처는 버리지 않는다고 들었습니다. [臣聞 貧賤之交不可忘 糟糠之妻不下堂.]

광무제 : (병풍을 바라보며) 일이 잘 되지 않겠습니다. [事不 諧矣.]

황제의 권력으로 신하를 이혼하도록 하는 것은 어렵지 않았으나 광무제는 의리를 지키려는 신하의 뜻을 존중한 것이다.

후한 정치의 특징은 환관의 득세와 횡포이다. 이로 인해 환관 세력과 관료의 갈등 투쟁으로 정치가 어지러웠다. 환제桓帝 때에 당고黨錮의 화禍가 나자 관료 지망자인 지식인 계층이 한나라를 포기해 결국 후한은 해체되었다. 후한의 역대 황제들이 환관에 의지한 것은 이들이 왕조 교체를 시도할 가능성이 없기 때문이었다. 즉 환관의 득세는 왕망 선양의 후과였다.

후한 수립 이후 중국의 모든 왕조는 겉으로는 유교를 국교로 내세웠으나 실제로는 법가적인 체제를 유지했다. 이를 외유내법外儒內法 또는 양유음법陽儒陰法이라 했으며 이유식법以儒飾法 : 유가로써 법가를 분식)으로 표현하기도 했다.

오늘날의 형법에 해당하는 율률을 최상위법으로 설정하고 군주의 자의적인 법 제정과 집행을 막을 제도적 장치가 없었거나 있어도 유명무실했던 사정이 이를 입증한다. 그리고 국가는 군주 가문에 세습되는 자산(資産)에 불과한 공공성이 없는 가산제(家産制) 국가였다. 가산제 국가에서 군주는 국가를 자신에게 세습되는 자산으로 여기고 통치한다. 이러한 체제에서 군주는 모든 국사를 자신의 개인적인 업무로 생각한다. 관료들은 군주의 가신이며 그의 전제권력에 복종한다. 군주가 독점적으로 보유하는 군대도 공공적 사고가 없어 자국민을 상대로 온갖 범죄를 저지르기 일쑤다. 가산제 국가는 법가적 가치관에 기반하지 않고는 성립과 유지가 불가능하다.

중국 황제들이 겉으로는 성군 이데올로기를 핵심으로 하는 왕도 정치를 내세워도 실제로는 패도 정치를 한 이유는 왕망의 사례를 통해 보듯 군주가 신하를 믿을 수 없게 되었기 때문이다. 사실 춘추전국시대 이후 중국은 '믿을 수 없는 세상'이 되었다. 이상적인 유교 사회는 군주와 신하 사이의 믿음, 부부 사이의 믿음, 동료와 친구 사이의 믿음이 굳건해야 가능하다. — 이는 이상적인 공산주의 사회를 위한 전제조건이기도 하다.

유가를 표방한 중국 역대 왕조나 이씨조선은 '백성(민)은 나라의 근본'이라는 말을 자주했다. 거의 모든 사람이 이 말을 오해하고 있다. 이 말은 통치의 권위와 정당성 등이 민으로부터 나온다는 뜻이 아니다. 통치의 목적이 민의 행복과 민권보장에 있다는 것도 아니고, 민이 나라의 주인이라는 의미는 더더욱 아니다. 이는 '가축은 목장의 근본이다'라고 말하는 것과 같은 것이다. 목장은 가축을 키우고 수를 늘려 목장주에 이익을 주기위해 존재한다. 가축이 없어지면 목장은 존속할 수 없으니 가축은 목장의 근본인 것이다.

대한민국 같이 민주주의를 표방하는 국가에서도 집권 세력이 민생을 개선하려는 데 신경을 쓰지 않으면서도 '국민이 대통령입니다' 등의 '달콤한 말'을 곧잘 한다. 그 공허함은 전제 군주정에서 '백성은 나라의 근본' 운운했던 것과 그리 다르지 않다.

맺음말

흔히 공산주의가 중국인의 민족성에 어긋나는데도 공산당이 현대 중국을 지배하는 것이 불가사의하다고 말한다. 그러나 법가 체제의 연속임을 알면 의아한 일이 아니다. - 권력은 총구에서 나온다는 모택동의 말은 자신이 마르크스주의자가 아니라 저속한 법가의 세계관을 가졌음을 자백한 것이다. 그의 사고방식과 작태는 명나라를 건국한 주원장과 아주 닮았다.

수천 년 간 가혹한 법가적 통치를 받은 중국인들은 인성이 그에 맞추어져 부당한 권력의 횡포를 당연시한다. - 한 마디로 권력의 갑질을 당연시한다. 중국에서 민주공화정 체제가 수립될 가능성은 황하가 맑아질 가능성보다 결코 크다고 할 수 없다.

한국사에서 삼국시대와 고려시대의 군주정은 중국의 전제군주정과 질적으로 다른 것으로 민이 만족할만한 체제였다. 이 군주정은 외침이 있을 때에 적은 인구에 비해 엄청난 병력을 동원할 수 있었는데, 이는 강력한 행정력이 아닌 민의 자발성에 기초한 것이었다. - 1018년 인국가 수백만에 불과했던 고려는 거란의 3차 침공에 20만 8천의 병력을 동원할 수 있었다. 인구가 이보다 많았던 영국은 1066년 1066년 노르만의 침공에 7천 명력을 동원할 수 있었다.

이조의 성립은 한국 문명에서 1차 대변동으로 공동체 사회에서 신분제 노예제 사회로의 이행이었다.

삼국시대와 고려는 공동체 사회로 엄격한 신분제 사회가 아니었다. 삼국과 고려는 결코 노예제사회가 아니었다. 노비가 인구에서 차지하는 비중이 5~10%로 죄를 지은 형벌 노비, 채무 노비였고 기간이 있었다. 그리고 농경에 종사하지 않았다. 인격적으로도 멸시받지 않아 이름이 만적 등 불교식 법명이었다.

정중부의 일생을 보아 고려가 신분은 있어도 신분제 사회는 아님을 알 수 있다.

해주 출신의 평민이었던 정중부는 체격이 좋아(7척이었으니 2미터가 훨씬 넘었고 엄청 장사였다.) 수도방위군인 경군(京軍) 병사가 되었다. 인종의 눈에 들어 장교가 되었고 고속 승진했다.

인종의 아들인 의종 대에는 장군 서열 1위인 응양군 상장군이 되었다. 이러니 정중부는 무신란에는 관심이 없었다. 오히려 귀족 출신인 중랑장(대령급) 이의방, 이고가 주동하여 무신란이 일어났다.

【임꺽정이 고려에 태어났으면 못해도 경군의 중랑장은 되었을 것이다. 반대로 정중부가 이조에 태어났으면 농부로 착취당하거나 산적이 되었을 것이다.】

이성계 일당은 철저하게 인민 착취를 하려 노예제 사회를 건설했는데, 걸림돌이 일상생활에 깊이 파고든 평등을 주창하는 종교 불교였다. 그러므로 이조는 불교를 철저히 탄압하고 역시 평등을 주창하는 카톨릭을 사형으로 다스렸다.

이조 시대에 노비의 이름은 개똥이, 소똥이, 마당쇠(마당의 소) 등으로 사물이 되었다.

【조선총독부는 이런 천한 이름을 금지했다. 그러니 노비 출신들이 일제

통치를 환영했다.】

　정도전, 이방원 등 저열한 법가들이 주축이 되어 건국한 이씨조선은 유교를 사회지도원리로 내세웠으나 실실석으로는 법가 체제를 구현했다. 충성스러운 신하인 체하다가 기회를 포착해서 군주를 몰아내고 그 성씨를 몰살시키는 제노사이드(genocide)를 자행한 이성계 그리고 그 자손들은 결코 신하와 백성을 믿을 수 없었다.
　법가 국가에서는 군주의 권모술수가 당연한 것이므로 의심이 가는 신하를 역모로 누명을 씌워 죽이는 일이 다반사이다. 고려 왕조와 달리 이씨 조선에서 역모 사건이 놀라울 정도로 많았던 것도 기이한 일이 아니다. 이씨조선의 군주는 거의 모두 신불해·이회·오기·상앙·이사 등 법가의 대가들이 경탄할 만큼 권모술수에 능했다.
　법가는 대개 부국강병을 목표로 하는데, 가난한 나라 살림에 허약한 군사력을 보유했던 이씨 왕조가 어찌 법가 국가인가 의문을 제기할 수 있다. 이씨 왕조는 법가의 술수를 부국강병을 위해서가 아니라 민을 착취하고 철저히 통제하는 데 써서 권력을 영구히 유지하려 했다. 외세에 비굴했고 백성에 가혹했던 이씨 왕조의 행태는 지극히 법가적이었다.
　이조 노예제 사회가 500년 지속되니 노예근성이 뿌리박힌 '조선족' 또는 '조선인'이 탄생했다. 야성이 강한 가축은 도축이 되는 것처럼 노예제 사회에서 자주적인 백성은 살기 힘들다.
　노예근성이 뿌리박힌 '조선인'은 법가적 체제에 적합한 인간형이다. 돈과 권력 이외에는 관심이 없고, 명예 개념과 수치심이 없어 사익을 위해서는 어떤 파렴치한 짓도 할 수 있는 자들이다. 이들은 평소에는 선량한 체 하나 기회가 오면 본색을 드러내는 간민奸民이다.
【노예제 사회였던 나라는 혁명이 나도 또 다른 신분제 특권층을 위한

사회가 되기 쉽다.

노예제에 가까운 농노제 사회였던 동유럽은 공산당 특권층 사회가 되었다. 1990년대 자유민주주의 체제로 이행해도 부정부패, 독재는 여전하다.】

19세기 후반 이조 지배층의 일부 엘리트가 새로운 세계관을 가지고 사민평등 사회를 건설하려 했으니 개화파였다. 이들이 최초의 근대인이었다.

【서양에서는 르네상스 시대에 근대인이 탄생했는데, 이조에서는 1876년 개항 후 탄생했다.】

그러나 인구의 절대다수가 노예근성에 투철한 '조선인' '조선족'이니 개화파는 지지를 얻지 못하고 갑신정변에 실패하여 망명 갔다. 1894년 갑오경장으로 개화파 서재필이 귀국하여 독립협회를 만들었고 근대인을 양성했는데, 그 중 한 사람이 이승만이었다.

일본이 근대국가였으므로 일제 통치기에 근대인이 비교적 많이 탄생했다. 그 근대인들을 문재인 일당과 북한은 '친일파'라 중상모략하고 있다.

이승만 대통령은 그 소수의 근대인들을 모아 악전고투 끝에 1948년 대한민국을 건설했다.

인구의 절대다수가 조선인 조선족이고 근대인은 1%도 되지않은 상황에서, 또 지식인 대부분은 공산주의에 물들은 상태에서 자유민주주의에 기초한 근대국가를 지향하는 대한민국 탄생은 기적이었다.

소련군이 점령한 38선 이북에서는 스탈린이 점지한 김일성이 근대 국가의 외피를 쓴 이씨조선을 부활시켰다. 김일성 집단은 대한민국마저 이씨조선으로 만들려 무력 침공을 했다. 남조선 해방이라는 이름으로. 미국의 개입으로 실패하자 이후에는 무력 침공과 내부 간첩 양성, 종북 세력 형성에 공을 들였다.

국민 다수를 근대인으로 탈바꿈시켜야 명실상부한 자유민주주의 체제 구현이 가능하니. 그 때문에 이승민 대통령은 나라 살림이 거지꼴인데도 교육을 통해 조선인, 조선족을 근대인, 한국인으로 만들려 엄청난 예산을 투입했다. 조선족, 조선인이 대부분이었던 대한민국이 근대적 한국인이 50%가 넘는 나라가 되었다. 이는 2012년 대선이 보여준다. 박근혜 후보가 얻은 51,5% 득표는 이 나라 근대 한국인의 비율이 55% 정도는 되는 것을 보여준 것이었다. 그러나 유전적으로 교화가 불가능한 조선족, 조선인이 적지 않았다.

【한편 전근대인인 조선인, 조선족을 온전한 자유민주주의 원리로 통치하는 것은 불가능했다. 그래서 비상수단을 쓰기도 했는데, 매국 세력은 이를 독재라고 비난하고 있다.】

이조 이후 지식인은 대부분 권력에 빌붙어 인민을 착취하는 기생충이 되었다. 이들은 20세기에 들어 인민을 사기치는 기만 사상인 공산주의로 부귀영화를 누리려 했다. 이들은 그들의 부귀영화를 영구히 보장할 수 있는 세습신분제 체제를 지향한다. 이들이 뭉쳐서 언론기관과 학계, 교육계, 종교계, 검찰, 사법부에 대거 침투하면 언론자유와 표현의 자유를 보장하는 자유민주주의 체제는 간단히 전복될 수 있다. 매국 세력은 근대 한국인 형성을 막으려 전교조를 만들어 초중고생들을 한국인이 아닌 조선족, 조선인으로 키우려 했다. 이것이 큰 효과를 보았다. - 이들이 뭉치는 데는 간민 정치인이 있어야 한다. 이들은 간민 정치인을 신격화하고 그들이 어떤 파렴치한 짓을 해도 옹호한다.

위대한 두 지도자의 노력으로 대한민국이 부유한 나라로 크자 부귀영화에 눈 먼 대학생 무리, 재야인사 무리들이 김일성 집단과 내통하여 민주팔이, 인권팔이로 살면서 중공의 도움으로 촛불역모에 성공하여 집권, 나라 곳간을 도적질하고 있는 것이 현재의 대한민국이다.

지난 30년 간의 사기 민주화 시대는 근대 한국인이 되는 것이 불가능한 조선인, 조선족이 인구의 40%가 족히 되는 것을 보여주고 있다.

국민혁명으로 주사파를 제거하고 조선인, 조선족을 추려 그들만의 나라를 건설하게 하여 근대인인 한민족의 민족 국가를 건설해야 한다.

왕 망 - 속임수로 천하를 얻은자

증보개정판 | 2021년 10월 5일

지은이 | 이윤섭

발행인 | 한희성

발행처 | 도서출판 현대

편집디자인 | 현대기획

연락처 | 02)722-8989

등록일 | 2020. 8. 25

주소 | 서울시 종로구 대학로 3길 12 2층

ISBN | 979-11-971694-5-8

정가 15,000원

이 책은 저작권법에 따라 보호받는 저작물이므로 무단 전재와 무단 복제를 금합니다.